o livro da gastronomia infantil

Alimentando uma família gourmet no mundo do fast-food

Hugh Garvey & Matthew Yeomans

São Paulo
2011

The Gastrokid Cookbook: Feeding a Foodie Family in a Fast-Food World.
Copyright © 2009 by Hugh Garvey & Matthew Yeomans. All rigths reserved.
This translation published under license.

1ª Edição, Editora Gaia, São Paulo 2011

Nenhuma parte desta publicação pode ser reproduzida, armazenada em sistema de recuperação ou transmitida por qualquer forma ou meio, eletrônico, mecânico, fotocopiado, gravado, digitalizado, ou outro procedimento — exceto como permitido pelas seções 107 ou 108 do United States Copyright Act de 1976 (lei americana de direitos autorais) —, sem prévia permissão, por escrito, do editor, ou sem autorização garantida pelo pagamento de taxa de cópia ao Copyright Clearance Center, Inc., 222 Rosewood Drive, Danvers, MA 01923, (978) 750-8400, fax (978) 646-8600, ou no *site* www.copyright.com. Solicitações de permissão de cópia ou reprodução deverão ser endereçadas ao editor: Permissions Departament, John Wiley & Sons, Inc., 111 River Street, Hoboken, NJ 07030, (201) 748-6011, fax (201) 748-6008, ou *on-line* em www.wiley.com/go/permissions.

Limite de responsabilidade/Isenção de garantia: o editor e o autor envolvidos na elaboração deste livro não representam nem garantem a exatidão ou completude de seu conteúdo e, especificamente, isentam-se de quaisquer garantias implícitas de comerciabilidade e ou adequação a uma finalidade específica. Nenhuma garantia pode ser criada ou estendida por representantes de vendas ou material promocional impresso. Os conselhos e estratégias aqui contidos podem não ser adequados para sua situação. Você deverá consultar um profissional apropriado.

Nem a editora nem o autor será responsável por qualquer perda de lucro ou quaisquer outros danos comerciais, incluindo (mas não limitado a) danos especiais, acidentais, consequentes ou de outra natureza.

Diretor-Editorial
Jefferson L. Alves

Diretor de Marketing
Richard A. Alves

Gerente de Produção
Flávio Samuel

Coordenadora-Editorial
Dida Bessana

Assistente-Editorial
Iara Arakaki

Tradução
Daniela de Araújo Narciso Pacheco

Adaptação
Carlos André Ferreira Boccato

Preparação de Texto
Luciana Chagas

Revisão
Tatiana Y. Tanaka
Ana Carolina G. Ribeiro

Editoração Eletrônica
Tathiana A. Inocêncio

Dados Internacionais de Catalogação na Publicação (CIP)
(Câmara Brasileira do Livro, SP, Brasil)

Garvey, Hugh
  Gastrokid: o livro da gastronomia infantil /Hugh Garvey & Matthew Yeomans; [tradução Daniela de Araújo Narciso Pacheco; Carlos André Ferreira Boccato]. – São Paulo : Gaia, 2011.

  Título original: The gastrokid cookbook: feeding a foodie family in a fast-food world
  ISBN 978-85-7555-245-2

  1. Crianças – Nutrição 2. Culinária 3. Saúde – Promoção I. Boccato, Carlos André Ferreira. II. Título.

10-13305   CDD-641.5123

Índices para catálogo sistemático:
1. Crianças : Alimentação : Receitas : Culinária   641.5123
2. Receitas : Crianças : Alimentação : Culinária   641.5123

Direitos Reservados

EDITORA GAIA LTDA.
(PERTENCE AO GRUPO GLOBAL
EDITORA E DISTRIBUIDORA LTDA).

Rua Pirapitingui, 111-A – Liberdade
CEP 01508-020 – São Paulo – SP
Tel.: (11) 3277-7999 – Fax: (11) 3277-8141
e-mail: gaia@editoragaia.com.br
www.editoragaia.com.br

Obra atualizada conforme o
Novo Acordo Ortográfico da Língua Portuguesa

Colabore com a produção científica e cultural.
Proibida a reprodução total ou parcial desta obra sem a autorização do editor.

Nº DE CATÁLOGO: **3196**

A inspiração para o nosso *blog* e para esse livro vem da experiência — às vezes caótica, mas quase sempre satisfatória e alegre — de cozinhar e comer em família. O Gastrokid não existiria sem o apoio de nossas tolerantes companheiras, Aimee e Jowa, e de crianças que esporadicamente se aventuram na culinária, Violet, Desmond, Dylan e Zelda. Muito obrigado também à nossa grande agente, Sharon Bowers, por transformar a ideia deste livro em realidade, e ao nosso editor, Justin Schwartz, por seus olhos e ouvidos conhecedores do assunto. Também agradecemos a Bernhard Warner, por tomar conta dos negócios enquanto Matthew concentrou-se na escrita, e a Barbara Fairchild, editora-chefe da revista *Bon Appétit*, pelo suporte a este projeto desde os primeiros passos. Cada um, e todos, são Gastrokids de coração.

SUMÁRIO

3 agradecimentos

7 introdução

10 regras Gastrokid para recuperar os jantares
à mesa em família

13 um comentário sobre o estilo de nossas receitas

14 vegetais

52 carne

66 frango

80 peixe

100 massas & grãos

120 pizza

136 café da manhã

146 mais algumas

158 índice

Se você é pai ou mãe, não tem tempo para ler livros de receitas. E é por isso que escrevemos este aqui. Se você não tem tempo para ler o resto desta introdução, então pule para qualquer das receitas aqui apresentadas, elas são rápidas, testadas por crianças, agradáveis aos adultos, orgânicas, sustentáveis e absolutamente deliciosas. Fáceis o suficiente para serem feitas durante a semana, elas vão transformar o jantar em família na mais prazerosa e importante refeição do dia.

Vocês que têm cerca de dez minutos para gastar, continuem lendo…

O manifesto Gastrokid:

Gastrokid: substantivo. É a combinação de "gastronomia" (o estudo da comida) e "kid" (criança, em inglês). Inventado por Hugh Garvey e Matthew Yeomans, fundadores do *Gastrokid.com*, um *site* popular entre pais dedicados em oferecer a suas crianças o melhor alimento possível. Uma Gastrokid é uma criança com consciência gastronômica aguçada, cujos pais às vezes se autodescrevem como amantes da boa comida.

Todos são bem-vindos à mesa Gastrokid: os que são enjoados para comer, os onívoros, os gourmets, os vegetarianos, os "queijófilos", os amantes de pizza, os gastrônomos esnobes, os fãs de comida japonesa, os loucos por peixes, os entusiastas por hambúrgueres, os que detestam saladas, as crianças, os pais, os avós, os bebês... e mesmo os que não têm filhos.

Iniciamos o *blog* e a rede de relacionamentos *Gastrokid.com* para dividir tentativas, contratempos e triunfos do ato de cozinhar para nossas famílias. Ambos somos pais que trabalham o dia todo, com esposas estressadas e crianças em idade escolar, mas temos amor à boa comida, amor esse que queremos cultivar em nossas famílias. Por meio dos milhões de leitores do *Gastrokid.com* aprendemos que definitivamente não estamos sozinhos. Foi para esses leitores, e para você e seus filhos, que escrevemos este livro.

Há muitos anos, na era ATP ("antes de nos tornarmos pais"), gostávamos de curtir nossa vida gastronômica. Éramos escritores de gastronomia e viagens, livres e desimpedidos, ansiosos para experimentar cada novo restaurante de Manhattan; viajávamos o mundo comendo *ceviches* que derretem na boca (e *sushis*, diga-se de passagem) no Equador, e apreciávamos a alegria do *paisano-chic* na Úmbria, Itália. Fomos até as terras do norte da Etiópia para provar a tradicional *injera*.[1] Esses dias se foram (por enquanto), mas, como pais, sentimos (e felizmente nossas esposas concordam conosco) que não há razão para que a família não participe das aventuras "culinárias" de que sempre gostamos.

Toda criança nasce Gastrokid. E cabe a nós alimentar essa fome e curiosidade. Se tivéssemos só uma regra, seria esta: conecte-se à Gastrokid que existe dentro de você e, na companhia de seus filhos, libere seu desenfreado amor pela comida. Compartilhe sabores a cada oportunidade e sempre tente novas experiências culinárias. Cabe a nós dizer "é bom experimentar algo novo" e cabe a eles o direito de não gostar de algo depois de experimentar.

É por isso que tentamos não discriminar as crianças servindo-lhes refeições em separado. Também é por isso que fazemos o melhor para assegurar que nossas Gastrokids comam a mesma boa comida que decidimos comer. Como resultado, nossos filhos devoram panquecas de *kimchi*,[2] linguiças de Toulouse, *bresaola*[3] curada da Espanha, alho adoçicado e *sag aloo*,[4] tudo porque fazemos disso parte da aventura diária de comer.

No Gastrokid acreditamos que "comida de criança" é algo que não existe. A boa comida deve ser apreciada por todos. Exemplo disso é o conhecido modelo italiano, em que as crianças dividem a mesa com os adultos, e no qual vegetais, massa e um pouco de carne contribuem para uma refeição balanceada e, ao mesmo tempo, uma experiência culinária transcendente. Vinho e conversas fluem livres, as crianças brincam contentes, e a noite se desdobra num ritmo calmo e agradável.

---

[1] Massa achatada semelhante à panqueca e usada como pão, presente em todas as refeições do país. (NT)
[2] Prato coreano feito com vegetais e temperos diversos. (NE)
[3] Embutido à base de carne de boi seca e salgada. (NE)
[4] Prato ensopado do norte da Índia, à base de condimentos, espinafre e batata. (NT)

Está bem.

Mesmo que isso seja apenas um ideal de refeição em família, esse espírito paira sobre estas receitas. São todas de preparo rápido (a maioria fica pronta em trinta minutos ou menos), boas para você e seus filhos (por serem orgânicas ou caipiras, minimamente processadas) e, o melhor de tudo, deliciosas e sofisticadas o suficiente para que você só precise cozinhar uma refeição por noite para toda a família. Seus filhos comerão a mesma comida que você, e vice-versa. Todos ficarão felizes... Até uma das crianças começar a reclamar!

Pais que amam a boa alimentação querem que seus filhos façam o mesmo, e a vantagem é que as Gastrokids tendem a ser mais curiosas e empolgadas na exploração do mundo em volta delas. Experimentamos coisas novas, fugimos da rotina a todo momento e não receamos levar nossas Gastrokids conosco nessa aventura. Junte-se a nós, e juntos salvaremos o mundo aos pouquinhos, com jantares em família, um de cada vez.

— Hugh Garvey e Matthew Yeomans,
julho de 2009

"Toda criança nasce **Gastrokid**. E cabe a nós alimentar essa fome e curiosidade. Se tivéssemos uma regra, seria: conecte-se à **Gastrokid** que há dentro de você e, na companhia de seus filhos, libere seu desenfreado amor pela comida."

REGRAS

10 GASTROKID

PARA RECUPERAR OS JANTARES À MESA EM FAMÍLIA

1. Encontre seu gastrokid interior. Entre em sintonia com o encanto da comida. Torne-se um explorador culinário. Seja curioso sobre a origem dos alimentos: quem os produz, de onde vêm, qual é a melhor época para seu consumo. Converse com o açougueiro. Descubra o nome da pessoa que vende vegetais na feira. Pesquise na internet a história de um prato ou outra cultura culinária. E leve seu filho junto nessa aventura. O entusiasmo demonstrado por você irá contagiá-lo.

2. Nunca diga que uma criança é enjoada para comer. Agindo assim, você só estará dando a ela uma desculpa para recusar tudo que lhe oferecerem. Não existe criança enjoada para comer: há apenas aquelas que sabem distinguir sabores. Isso aumenta as razões para cozinhar com maior frequência, para explorar novos sabores e não sucumbir ao ciclo seguro do "pão com manteiga, pizzas, sanduíches e macarrão".

3. Não deixe de oferecer uma boa variedade de alimentos ao seu filho. Se você fizer isso, provavelmente o estará impedindo de descobrir uma nova comida favorita. Certa vez, presumimos que as crianças odiariam anchovas, mas, para nossa surpresa, esse minúsculo peixe salgado e quase sem espinha logo se tornou o vício de nossos pequenos. Ofereça um pouco de tudo. Sim, há a possibilidade de seus filhos detestarem alguma coisa, mas você nunca saberá se não tentar. Se eles se recusarem a experimentar, tudo bem. Nunca crie situações de conflito à mesa. Haverá sempre uma próxima vez.

4. Não leve para o lado pessoal caso suas crianças rejeitem o que você cozinhou. Não existe motivo, razão, lógica ou padrão nos conflitos gustativos que ocorrem nos lares de todo o país. E pode acontecer em qualquer idade: para um bebê, uma abóbora poderá, numa única refeição, deixar de ser comida favorita e virar arte abstrata na parede. Para uma criança pequena, uma tirinha de queijo pode de repente se transformar de exclusiva e amada fonte de cálcio em motivo de birra e objeto de aversão. Para uma criança em idade escolar, um suculento filé pode passar de prato favorito a animal repugnante. No caso de um adolescente rebelde, a curiosidade em explorar uma dieta *vegan* pode ser uma boa desculpa para manter-se permanentemente afastado da mesa — mas também pode ser uma escolha política válida. Resumindo, gostos mudam rapidamente e isso não tem a ver com sua comida. Não desista.

5. Comida de criança é algo que não existe. Admitir isso amplia os horizontes culinários de sua casa. Você está a fim de risoto de abóbora com sálvia e *pancetta* para o jantar? Então faça esse prato para todos. E, enquanto pensa no que os adultos irão comer, nunca prepare para as crianças qualquer coisa de que elas gostam. Torne a comidinha favorita de seu filho boa o suficiente para satisfazer você também (adicionando ervas frescas, temperos etc.), e então terá uma única refeição para toda a família. Para as crianças, evite tempero picante (pimenta), caso elas achem que fica muito forte.

Do mesmo modo, quando levar comida indiana pronta para comer em casa, peça *samosa*[1] ou *naan*[2] para as crianças. Pode-se também substituir o caro *jalfrezi*[3] por *biryani*[4] ou *tikka*.[5] Nada deve ficar fora da mesa.

6. Na dúvida, adicione sal, gordura e acidez. Parece um conselho mais exagerado do que de fato é: uma pequena pitada de sal "acende" todos os sabores da comida, retirando o amargo e fazendo-a ter um sabor mais doce. Gordura pode ser gordura boa: um pouquinho de manteiga para adoçar o alimento. Uma gordura do bem, como o azeite de oliva, pode enriquecer o sabor (além de ser antioxidante). Acidez é uma palavra que assusta, mas um toque de suco de limão espremido na hora pode balancear a comida e dar um leve contraste. Esses três pequenos truques podem elevar qualquer prato à condição de preciosa delícia. Pense em como o sabor de uma folha de alface pode se destacar com uma pitada de sal, um pouquinho de vinagre de vinho tinto e azeite. Os mesmos ingredientes podem realçar molhos para massas, frango assado ou uma sopa insossa.

7. Doure, toste, caramelize. Comida dourada, tostada ou caramelizada é sempre boa. Pode ser uma carne bem selada na grelha, uma fatia de pão torrado, um pimentão-vermelho grelhado... Dourar a comida consiste numa alteração molecular complexa e, por isso mesmo, acentua o sabor. Portanto, a ordem é: tostar, selar, grelhar, torrar.

8. Coma produtos da estação e da região. Isso costumava ser comum, mas hoje se tornou um desafio, já que vegetais e frutas fora da estação são trazidos de outras regiões. Encontre uma feira de pequenos produtores próxima à sua casa e faça ali suas compras: os vegetais cultivados na estação própria têm sabor melhor. Um vegetal ou fruta da estação é um alimento prático e de ótima qualidade.

9. Coloque seus filhos para cozinhar. Nem sempre é fácil, mas uma pequena tarefa no preparo dos alimentos pode satisfazer a ansiedade dos pequenos em ajudar e os envolve com o prato final, razão pela qual nós incluímos, quando apropriado, sugestões para as crianças ajudarem no preparo.

10. Aprecie as sobras. Vivemos num mundo onde grandes quantidades de comida vão para o lixo, sejam sobras ou alimentos *in natura*, que ficam na geladeira por semanas. (Confesse: você também faz isso!) Crie o hábito semanal de pegar os vegetais que estão murchando na geladeira e fazer um caldo rápido (numa grande panela, adicione água o suficiente para cobrir os vegetais, ferva em fogo baixo por uma hora; depois de coar, congele em bandejinhas de cubo de gelo e use em molhos, sopas etc.). Se você cozinhou mais carne do que precisava em uma refeição, guarde-a e use em misturas fritas, em sanduíches, com legumes picados ou adicione-a ao molho de macarrão como proteína extra. Se tiver sobras de legumes, considere o antigo hábito de fritá-los. Até o peixe pode ser usado no dia seguinte, como recheio de bolinhos. E uma boa fritada nunca dispensa um vegetal muito cozido.

---

[1] Pastel frito recheado com uma mistura de feijão, carne, batata e ervas. (NE)

[2] Pão condimentado. (NE)

[3] Versão indiana dos legumes chineses salteados, levemente misturados a um molho condimentado e picante. (NT)

[4] Prato à base de arroz e pedaços de carne (cordeiro ou frango), temperado com ervas e especiarias; pode ser mais ou menos picante. (NT)

[5] Espetinhos indianos, em geral de frango, sem molho e suavemente condimentados. (NT)

UM COMENTÁRIO SOBRE O ESTILO DE

NOSSAS RECEITAS

Em nossos lares foi-se o tempo de folhear páginas de livros de culinária (por diversão, à procura de inspiração), passar horas no mercado, usar colheres medidoras e preparar banquetes elaborados. Esta é a descrição de nossa vida noturna atual: chegar em casa após o trabalho, pegar alguns ingredientes, jogá-los na panela e pronto: jantar à mesa. Livro de receitas? Nós mal temos tempo para cozinhar, muito menos para ler um livro! E, falando a sério: quem são os pais que têm tempo para medidas? Um quarto de colher de chá disso e meia colher de chá daquilo significam apenas duas colheres a mais para lavar. E você não precisa disso.

Em primeiro lugar, as receitas deste livro visam a inspirar você, e, consequentemente, liberá-lo da dependência por receitas. Elas resultam da combinação de sabor e facilidade no preparo. São básicas, fáceis, simples e sem muita precisão, mas satisfazem. Um pouco como a vida de uma família moderna.

Gastrokid foi escrito por dois pais que moram em dois lados distintos do Atlântico e têm dois estilos diferentes de cozinhar e escrever, daí o fato de as receitas serem bem variadas. Embora ambos tenhamos aderido aos princípios básicos de

Gastrokid, nossas abordagens pessoais — e vidas reais — se refletem no modo de apresentação das receitas. São pratos que cozinhamos para nossos filhos e que nasceram de refeições reais em família. Não tiramos um tempo para escrever este livro. Às vezes, as receitas foram criadas numa noite corrida e, portanto, são minimalistas. Outras vezes, o prato foi criado num sábado preguiçoso, o que nos permitiu estabelecer um passo a passo mais detalhado e com ingredientes mais específicos. Pense nisso como prova de que existe mais de uma maneira de se cozinhar um frango — e alimentar a família — e encare como um convite para fazer cada receita do seu jeito, alterando o que achar possível.

Para aqueles que ainda preferem medir, incluímos algumas medidas, como um guia, mas não são regras. No Gastrokid não existem regras. Se você gosta de uma comida mais pesada, use mais óleo. Se você gosta de algo mais intenso, use mais suco de limão. Não gosta de salsinha? Não coloque. Ama salsinha? Use quanto quiser. A não ser que haja alguma indicação diferente, cada receita foi criada para servir quatro pessoas.

VEGETAIS

A sabedoria popular diz: crianças detestam vegetais. A realidade é: crianças amam vegetais. A questão é que os pais arruínam esse tipo de alimento comprando-os e cozinhando-os de forma errada; por isso fizemos deste o primeiro capítulo. Legumes e verduras são talvez a melhor prova de que comer produtos da estação e da região é uma boa ideia quando se fala em sabores. Os produtos da estação são espetaculares; porém, quando fora da época, eles se tornam o alimento saudável obrigatório contra o qual muitos de nós lutamos durante nossa infância: o pálido tomate, totalmente industrializado, de polpa rija e pele que remete à fibra sintética. O mesmo acontece com todos os outros hortifrútis. No inverno, as vagens têm sabor de lápis. Porém, se degustadas na época certa, sua textura é perfeita, o sabor é acentuado e mais doce do que nunca. Imagine uma ervilha fresca no quintal de casa, em julho, ou uma espiga de milho, em janeiro. Elas nos remetem às doces memórias da infância, aquelas que estabeleceram o eterno apreço pelos alimentos em sua melhor forma. Sirva alimentos fora da safra e eles serão rejeitados. Sirva-os maduros e na época certa e eles serão desejados.

O GASTROKID MULTIÚSO: **INDUZA SEUS FILHOS A COMEREM MOLHO DE SALADA**

Há uma razão para que esta receita seja a primeira do livro: é uma pequena lição de liberação e deleite culinário. É uma aula sobre a importância da gordura, do sal e da acidez — as três ferramentas mais poderosas no repertório de um cozinheiro, as três coisas que farão seus filhos comerem verduras e legumes. Pense em cada molho saboroso que existe na face da Terra e provavelmente ele conterá gordura, sal e acidez — por exemplo, a maionese. Porém, se você encharcar os vegetais em maionese o tempo todo, seus filhos certamente irão comê-los, mas também ficarão propensos à obesidade. Este molho é o extremo oposto disso. Ele dá aos legumes frescos apenas um realce e desperta os bons sabores naturais. Fazemos uma grande quantidade de molho uma vez por semana e o mantemos na geladeira. Basta agitá-lo até emulsionar (veja a dica abaixo) antes de misturá-lo na salada, ou sobre os vegetais picados, crus ou cozidos no vapor. Na primavera adoramos comê-lo com aspargos; no verão, com tomates; e, no outono, é um bom contraste para a doçura da abóbora assada.
Rendimento: 4 porções.

- 2 colheres de sopa, aproximadamente, de vinagre de vinho tinto
  sal
  pimenta-do-reino moída na hora
- 4 colheres de sopa, aproximadamente, de azeite de oliva
- 1 colher de sopa de mostarda dijon
- 1 echalota finamente picada
  mel

Em uma tigela, misture o vinagre, uma boa pitada de sal e alguns farelos de pimenta-do-reino; bata com um garfo até dissolver o sal. Misture o azeite, a mostarda e a echalota; prove. Se você achar que está perfeito, pare por aí. Porém, se achar que poderia ser mais doce ou que a acidez não está equilibrada, adicione um fiozinho de mel.

Emulsionar

Aqui está uma aula de ciências para você e as crianças, pois não envolve fogo nem facas. Emulsionar é uma palavra chique para o ato de misturar dois líquidos que não se combinam, como azeite e vinagre. Embora você nunca consiga misturá-los, é possível quebrá-los em pequenas bolhas que se aproximam numa combinação perfeita. Batê-los vigorosamente, bem como chacoalhá-los num frasco, faz isso. Um pouco de mostarda no molho ajuda a manter as pequenas bolhas em suspensão, sem desmanchar. Se você deseja um molho bem emulsionado sobre seus vegetais, misture logo antes de servir, uma vez que a emulsão vai se desmanchando com o passar do tempo.

BRÓCOLIS SALTEADOS EM FOGO ALTO

Aqui está a primeira de três (conte-as: três) receitas de brócolis, e o nosso raciocínio é simples: por alguma razão desconhecida para as gerações de pais, as crianças continuam comendo brócolis mesmo depois de rejeitarem todos os outros alimentos de coloração verde. O truque com brócolis (e com qualquer outro vegetal) é uma questão de tempo e temperos: os brócolis atingem o máximo de doçura logo após a colheita, e o sabor diminui com o passar dos dias (outro motivo para comprá-los direto da feira de produtos locais). Saltear em fogo alto com uma criteriosa quantidade de azeite de oliva e a porção exata de sal é a melhor forma de preparar os brócolis que vieram diretamente da feira. Nós gostamos deles assim, mas você pode misturá-los com umas gotas de suco de limão e/ou algumas lascas do verdadeiro queijo parmigiano-reggiano, da Itália.

Rendimento: 4 porções.

azeite de oliva
2 maços de brócolis grandes, cortados no tamanho de uma mordida
2 dentes de alho picados
1 pitada de pimenta-vermelha em flocos (um tiquinho de nada irá adicionar sabor, mas sem ficar picante ao paladar dos pequenos)
sal
½ xícara de água

Em uma frigideira grande sobre fogo médio-alto, aqueça o azeite até fumegar. Adicione os brócolis, o alho, a pimenta-vermelha em flocos, o sal e cozinhe durante vários minutos, mexendo ocasionalmente, até que algumas partes fiquem ligeiramente tostadas. Adicione a água e deixe ferver em fogo baixo, misturando de vez em quando, até que os brócolis estejam macios e a água tenha evaporado (no máximo 15 minutos). Prove durante a cocção e saberá quando estiver pronto.

!

Por que secar?

Aqui está algo que as crianças podem fazer: secar os brócolis inteiros e recém-lavados com um papel-toalha. Isso ensina a importância de secar algo antes de saltear em fogo alto. Se o alimento estiver molhado, a água fará que ele cozinhe no vapor antes de dourar.

SALADA DE MILHO GRELHADO

Esta é uma fácil tentação de verão para fazer as crianças comerem folhas. Grelhe espigas de milho-verde colhidas no auge do verão (quando o sabor é mais adocicado) e salpique os grãos sobre a salada. O equilíbrio do sabor agridoce envolve deliciosamente os demais ingredientes — melhor que pipoca doce.[1]
Rendimento: 4 porções.

2 espigas de milho
6 xícaras ou mais de salada de folhas baby
1 xícara de tomates-cereja cortados ao meio
¼ xícara de queijo feta esfarelado
suco fresco de limão
azeite de oliva
sal
pimenta-do-reino moída na hora

Aqueça uma grelha em fogo médio. Descasque o milho e coloque as espigas na grelha. Deixe cozinhar, virando ocasionalmente, até que as marcas da grelha apareçam e os grãos fiquem levemente macios. Depois que as espigas esfriarem, debulhe-as. Despeje os grãos sobre uma tigela média, misture as folhas, o tomate, o queijo, o suco de limão e o azeite. Tempere com sal e pimenta a gosto.

---

[1] No original, *candy corn*, bala de sabor agridoce em formato de grão de milho, sem similar no Brasil. (NT)

Salada ganha milho

BRÓCOLIS ITALIANO ASSADO

Quando bem fresco, o brócolis italiano é mais fino e mais macio do que o brócoli japonês, e fica ainda melhor com a técnica que apresentamos aqui. É uma guarnição prática para levar ao forno enquanto estiver assando uma pizza, pois ambos assam no mesmo tempo e temperatura. **Rendimento: 4 porções.**

alguns maços de brócoli italiano
um pouco de azeite
sal
pimenta-do-reino moída na hora

Preaqueça o forno a 220 ºC. Em uma fôrma ou assadeira, misture os brócolis com azeite, sal e pimenta. Asse por cerca de 15 minutos, até os brócolis ficarem levemente marrons e macios. Se você deixá-los ficar marrom-escuros, o sabor se tornará muito amargo.

PURÊ DE BRÓCOLIS

Quando a metáfora das "miniárvores" falhar e você estiver cansado de saltear ou assar brócolis, um purê pode ser a saída. Um pouco de manteiga derretida enriquece este prato e o torna mais luxuoso (acompanha costelinhas ou outra carne de porco, frango, qualquer coisa). Ele também funciona como um guacamole de brócolis e vai bem com batatas fritas de pacote. Não deixe os talos de brócolis irem para o lixo. Guarde-os para incrementar uma salada no dia seguinte; descascados e cortados em fatias finas, eles acrescentam sabor crocante e agradável.

Rendimento: 4 porções.

- 2 xícaras de água
  sal
- 3 maços de brócolis (somente as flores)
- 4 colheres de sopa, aproximadamente, de manteiga derretida
  pimenta-do-reino moída na hora

Em uma panela de tamanho médio, deixe ferver a água e adicione um pouco de sal. Acrescente os brócolis, tampe a panela e cozinhe até ficarem macios (cerca de 10 minutos). Escorra os brócolis e leve-os ao liquidificador. Junte a manteiga, tempere com sal e pimenta. Bata até formar um purê. Se ficar muito grosso, adicione um pouco de água e bata novamente até obter a consistência desejada. Alguns gostam do purê com pedaços irregulares, outros preferem mais liso e macio. A decisão é sua.

O poder do purê

Parabéns, você acabou de se especializar em uma das maneiras mais simples de se pensar num vegetal de forma diferente. Transformar um vegetal cozido na água fervente ou no vapor ou assado em um suave purê é o primeiro passo em direção a outros pratos, como as sopas. Afine qualquer purê de vegetais com caldo de legumes ou frango e você terá uma sopa quase instantânea. Quanto às crianças, deixe-as pulsar o liquidificador ou o processador de alimentos. Para elas não há nada melhor do que fazer barulho e destruir alguma coisa.

SALADA COM QUEIJO FETA, RABANETE & AGRIÃO

O salgado e cremoso queijo feta é um grande parceiro para a pungência do rabanete e do agrião. Rendimento: 4 porções.

- 2 xícaras, aproximadamente, de rabanetes em rodelas finas
- 2 xícaras, aproximadamente, de agrião
- suco de limão
- azeite de oliva
- sal
- pimenta-do-reino moída na hora
- ½ xícara, aproximadamente, de queijo feta esfarelado

Em uma tigela média, misture os rabanetes com o agrião, um pouco de suco de limão, um fio de azeite de oliva, sal e pimenta. Esfarele o queijo feta por cima e sirva.

Prato com rabanete

De vez em quando, os franceses, inventivos, são bons em transformar coisas novas e estranhas em comida fácil e apetitosa como esta: espalhe manteiga num pedaço de pão, cubra com finas fatias de rabanete e salpique sal marinho. Fica excepcionalmente doce e pungente e francamente delicioso.

SALADA DE QUEIJO FETA & MELANCIA

Talvez a melancia seja a fruta de verão mais amada entre as crianças, e, por isso mesmo, é o veículo perfeito para outros vegetais. Hortelã e rúcula são particularmente uma combinação bem apropriada. **Rendimento: 4 porções.**

- 4 xícaras, aproximadamente, de melancia cortada em cubos
- ½ cebola-roxa em fatias finas, lavadas em água para suavizar a acidez
- folhas de rúcula *baby*
- sal
- pimenta-do-reino moída na hora
- suco de limão
- azeite de oliva
- ½ xícara de queijo feta esfarelado
- folhas de hortelã rasgadas

Em uma tigela grande, coloque a melancia, a cebola e a rúcula. Tempere com sal e pimenta. Esprema metade de um limão por cima e regue com azeite. Misture. Cubra com o queijo feta e a hortelã e sirva.

Definição: *garde manger*

Em um restaurante francês, o *garde manger* é, literalmente, um "guardião de alimentos". A principal função desse profissional é preparar os alimentos frios, incluindo saladas. Promova seus filhos ao título de *garde manger* e deixe-os ajudar rasgando a hortelã, esfarelando o queijo, misturando os ingredientes e enfeitando o prato.

SALADA DE QUEIJO PECORINO, ABOBRINHA, HORTELÃ & RÚCULA

Esta salada continuará maravilhosa mesmo se você não conseguir encontrar rúcula ou hortelã: o gosto salgadinho do pecorino com a abobrinha em fatias finas formam uma combinação incrível. A dica é fatiar a abobrinha o mais fina possível (um ralador ajuda, mas não é obrigatório: paciência e uma faca bem afiada também ajudam). Se você quiser enfeitar o prato e tiver a sorte de encontrar flores de abobrinha no mercado, use-as para decorar: as crianças amam a ideia de comer flores. **Rendimento: 4 porções.**

3 xícaras, aproximadamente, de abobrinhas fatiadas em rodelas finas
sal
pimenta-do-reino moída na hora
suco de meio limão
punhados grandes de folhas de rúcula *baby*
5 folhas, aproximadamente, de hortelã rasgadas
queijo pecorino raspado em espiral com um descascador de legumes

Em uma tigela grande, coloque a abobrinha em fatias e salpique o sal e a pimenta. Esprema o suco de limão sobre a abóbora e misture. Adicione a rúcula e a hortelã e mexa delicadamente. Espalhe o pecorino por cima da mistura e sirva.

!

Sabor & cor

A abobrinha não é o único vegetal cujas flores são comestíveis. Capuchinha (*Nasturtium*) e calêndula também são deliciosas.[1] Elas acrescentam sabor picante e dão um visual bonito à salada. Apenas certifique-se de que você está comprando flores orgânicas, para consumo alimentar.

---

[1] No Brasil, são consumidos violetas, amor-perfeito e pétalas de rosas e de girassol. (NT)

SALADA DE MANJERICÃO, TOMATE-CAQUI & BURRATA

A maravilhosa invenção italiana de unir muzarela fresca e tomate de verão faz da Caprese a rainha das saladas. Por sorte, vivemos na era dos tomates-caqui, que representam a cor e o sabor fresco do verão (evite comê-los em outra época do ano; eles provavelmente terão vindo de longe e não apresentarão o frescor nem a doçura característicos). Acrescente a burrata — a muzarela mais cremosa que existe — e você terá uma salada completa, que praticamente não precisa de molho, pois o suco dos tomates e a cremosidade da burrata cumprem essa função. O sal realça os sabores e o azeite de oliva os harmoniza. Se você não encontrar burrata, a muzarela fresca é uma excelente substituta. Rendimento: 4 porções.

- 3 tomates, aproximadamente, em fatias
- 1 bola de burrata fresca fatiada (ou qualquer variedade de muzarela fresca disponível no supermercado)
  sal
  pimenta-do-reino moída na hora
  folhas de manjericão rasgadas em pedacinhos
  azeite de oliva

Despeje as fatias de tomate e muzarela num prato. Tempere com sal e pimenta e cubra com folhas de manjericão rasgadas. Regue com azeite. Sirva.

Glossário: burrata

O nome dessa variedade de queijo deriva de *burro*, manteiga, em italiano. Isso explica o sabor dessa bola de queijo coberta por uma camada de muzarela mais firme e recheada com gomos de muzarela cremosa em coalhos.

"Acrescente a burrata e você terá uma salada completa, que praticamente não precisa de molho, pois o **suco dos tomates** e a cremosidade da burrata **cumprem essa função**."

SALADA DE PARMESÃO, ERVA-DOCE & ASPARGOS GRELHADOS

Esta salada grelhada é um prato adorável de verão: mais substanciosa do que uma salada de folhas, ela combina com qualquer proteína que você grelhar. Fica especialmente boa com salmão ou camarão.
Rendimento: 4 porções.

- 1 maço grande de aspargos, descartada a base fibrosa do caule
  azeite de oliva
  sal
  pimenta-do-reino moída na hora
- 2 bulbos de erva-doce em fatias finas
  suco de limão
  queijo parmesão

Preaqueça a grelha em fogo médio. Em uma tigela grande, misture os aspargos com um pouco de azeite, sal e pimenta, e grelhe os vegetais em fogo médio até ficarem levemente chamuscados por fora e macios por dentro. Então, faça o mesmo com a erva-doce (ela deve manter sua consistência crocante). Corte os aspargos e a erva-doce em pedaços pequenos. Em uma tigela grande, misture-os. Esprema o suco de limão por cima, misture, rale lascas de queijo parmesão sobre a salada e sirva.

A fantástica faca de plástico

Mesmo que apenas as crianças mais velhas usem facas afiadas, é bom adquirir algumas habilidades com a faca desde cedo. Use uma faca de plástico descartável. Quando os aspargos esfriarem, deixe as crianças cortarem um ou dois talos desse vegetal com uma faca plástica. E o melhor é que você nem precisa comprá-la: pegue facas extras quando for a um restaurante fast-food ou piquenique, lave-as, e terá um utensílio de cozinha grátis, do qual as crianças poderão se apropriar.

SALADA STILTON, RÚCULA *BABY*, NOZES & PERA

- 1 punhado de nozes
- 1 maço de rúcula baby, sem a parte firme do caule
  sal
  azeite de oliva
  suco de meio limão
- 1 pera madura cortada em fatias finas
- ¼ xícara, aproximadamente, de queijo stilton (ou outro queijo de mofo azul) esfarelado

É incrível como um alimento tradicionalmente temido pelas crianças pode se tornar uma delícia quando você o cozinha na época em que é encontrado fresco no mercado. Algumas verduras e frutas da estação, nozes, queijo, um simples molho vinagrete e uma boa medida de sal: essa é a fórmula básica. Tenha cuidado apenas para não exagerar no suco de limão (apenas um toque faz maravilhas) e você se surpreenderá como a salada pode se tornar o prato preferido das crianças em casa. Esta é a versão de outono de uma salada básica, mas qualquer combinação de folhas verdes com uma fruta da estação, nozes e queijo funciona (imagine alface vermelha, maçãs, amêndoas e queijo manchego;[1] ou folhas verdes *baby*, *cranberries*,[2] pinholes e queijo de cabra). **Rendimento: 4 porções.**

Em uma frigideira pequena, toste ligeiramente as nozes em fogo médio por cerca de 3 minutos, tomando cuidado para não queimá-las. Coloque as nozes sobre uma tábua de corte e amasse-as com um rolo de macarrão ou com o fundo de uma panela pesada. Em uma tigela grande, misture a rúcula, o sal, o azeite e o suco de limão e misture delicadamente. Cubra com a pera, o queijo esfarelado e as nozes.

Etimologia: salada vem de sal

Salada é a versão em inglês do termo italiano *insalata*, que significa "em sal", pois as saladas de vegetais crus eram tradicionalmente temperadas apenas com sal. De lá para cá, foram criadas novas maneiras de incrementar as saladas, "molhando-as" com misturas líquidas ou caldosas; daí o termo *molho*.

---

[1] Queijo de leite de ovelha manchega, encontrado em diferentes graus de maturação. É o mais comum dos queijos espanhóis e pode ser substituído por qualquer queijo de cabra curado, ou por pecorino.

[2] Plural de *cranberry*, pequena fruta avermelhada e rica em vitamina C. Popular nos Estados Unidos e ainda pouco conhecida no Brasil, recebe aqui o nome de "oxicoco". (NE)

"Se um restaurante como o Babbo oferece esta iguaria de graça a todo cliente, esse é o primeiro sinal de que se trata de um prato **incrivelmente** barato. As **crianças adoram**. Os adultos adoram. **Seu bolso adora**."

BRUSCHETTA GRELHADO

2 latas (400 g cada) de grão-de-bico escorrido e lavado
azeite de oliva
sal
pimenta-do-reino moída na hora
1 punhado, ou 2, de salsinha picada
½ xícara de azeitonas picadinhas (misturei um pouco das graúdas e recheadas, com as verdes comuns em conserva, e outras pretas carnudas, especiais, temperadas e vendidas a granel)
alho
2 colheres de sopa de vinagre balsâmico
1 baguete em fatias torradas

O que poderia ser pior, em se tratando de persuadir seus filhos a comer legumes, do que se inspirar num chef que deu a seu restaurante um nome italiano equivalente ao termo "papai"? (Esse restaurante é o Babbo,[1] que tem Mario Batali como chef.) Esta receita é um "plágio" (ou o que eu prefiro chamar de "versão", pois não tenho a receita e modifiquei um pouco o prato) do aperitivo que o Babbo oferece como cortesia (e se o Babbo oferece esta iguaria de graça a todo e qualquer cliente, esse é o primeiro sinal de que se trata de um prato incrivelmente barato). As crianças adoram. Os adultos adoram. Seu bolso adora.
Rendimento: 4 porções.

Preaqueça o forno a 220 ºC. Em um tabuleiro ou assadeira, espalhe o grão-de-bico e regue com um pouco de azeite. Tempere com sal e pimenta e misture bem. Asse por mais ou menos 20 minutos, ou até dourar.
Em uma tigela grande, misture o grão-de-bico com a salsinha picada, as azeitonas, o alho e o vinagre balsâmico. Sirva a mistura sobre fatias de baguete torradas. Os pequenos grãos esféricos tendem a rolar para fora do pão, se você estiver comendo apressadamente, mas caçá-los torna tudo mais divertido.

Comida enlatada pode ser comida boa

Desde que o alimento seja orgânico e não contenha aditivos, ter à mão algumas latas de boa comida pode ser bastante conveniente e prático. Aqui vão três exemplos de comida enlatada que sempre devemos ter por perto:

- sardinha: além de substituir o atum, contém menos mercúrio e é mais sustentável que esse peixe;
- grão-de-bico: pode ser assado ou acrescentado a saladas; e
- tomate pelado: usado em massas, sopas e guisados.

---

[1] Um dos restaurantes italianos mais famosos de Nova York. (NT)

HOMUS DE ABOBRINHA

Aqui está uma maneira fácil de introduzir outros vegetais na hora do lanche. Sirva esta pasta com o tradicional pão pita, pão *wrap* tostado ou vegetais crus. Rendimento: 4 porções.

- 1 lata (400 g) de grão-de-bico escorrido e lavado
- 1 abobrinha italiana picada
- 1 dente de alho picado
- ¼ xícara de salsinha picada
- ¼ xícara de manjericão picado sal pimenta-do-reino moída na hora
- ¼ xícara de azeite de oliva suco de limão espremido na hora

Misture todos os ingredientes num processador de alimentos e pulse até atingir a consistência desejada.

"Legumes e verduras são a melhor prova de que **comer produtos da estação da região** é uma boa ideia. Se degustados na época certa, o sabor é mais acentuado. Imagine uma **ervilha fresca no quintal, em julho**, ou uma espiga de milho, em janeiro. Elas nos remetem às doces memórias da infância, aquelas que estabeleceram o **eterno apreço** pelos alimentos em sua melhor forma."

Homus de abobrinha

COGUMELOS SAUTÉE

Este é um excelente acompanhamento ou base para outros pratos. Obtivemos ótimos resultados ao acrescentar a esta receita um molho cremoso de macarrão, ao usá-la como ingrediente de pizza ou ao servi-la sobre torradas de pão, como bruschetta. **Rendimento: 4 porções.**

azeite de oliva
2 xícaras de cogumelos em fatias finas (pode ser um mix de cogumelos, como *shiitake* e portobello — embora champignons sejam bons e menos caros)
sal
pimenta-do-reino moída na hora
2 echalotas cortadas em fatias finas
2 dentes de alho picados

Aqueça um pouco de azeite numa frigideira grande, em fogo médio-alto, até que comece a fumegar. Adicione metade dos cogumelos, um pouco de sal e pimenta. Deixe cozinhar por alguns minutos, sem mexer, para que os cogumelos comecem a dourar. Junte metade das echalotas e do alho picado. Cozinhe, mexendo ocasionalmente, até ficar com uma cor marrom intensa. Retire a mistura da frigideira e reserve-a em uma tigela. Repita o método de cozimento com o restante dos ingredientes. Em seguida, coloque o primeiro lote de cogumelos à panela, para aquecer por inteiro antes de servir.

Definição: *umami*

Os cogumelos são ricos em *umami*, o conceito japonês de "quinto sabor" ("deleite" é a tradução aproximada; os outros quatro sabores-padrão são: amargo, azedo, salgado e doce). Em termos químicos, trata-se do glutamato, o G da sigla MSG (glutamato monossódico). Use *umami* natural na comida das crianças e não haverá necessidade de exagerar na gordura nem no açúcar. Tomate, anchovas, amendoim e, naturalmente, queijo parmesão são repletos de *umami* e os preferidos da criançada.

ABÓBORA ASSADA **COM TOMILHO & PARMESÃO**

Bonito e estupidamente fácil, este prato de outono é ideal para acompanhar peixes carnudos, frango assado ou carne de porco. Rendimento: 4 porções.

azeite de oliva
1 abóbora japonesa (kabotcha)
sal
pimenta-do-reino moída na hora
tomilho fresco
queijo parmesão

Preaqueça o forno a 180 °C. Espalhe um pouco de azeite numa assadeira. Corte a abóbora ao meio, longitudinalmente, e em seguida pique-a em gomos com 4 cm de espessura. Arrume os gomos numa assadeira e tempere-os com sal, pimenta e tomilho. Asse por 15 minutos ou até ficarem macios. Rale o parmesão, salpique-o por cima e sirva.

!

Tomilho versátil

Se pudéssemos ter apenas duas ervas frescas na despensa, seriam a salsa e o tomilho. O tomilho pode ser usado para temperar praticamente qualquer proteína ou vegetal, trazendo doçura e personalidade na quantidade exata para qualquer prato. Adicione as folhas desse vegetal a vinagretes, manteiga derretida, peixes, carne bovina ou de frango, sopas e molhos, para intensificar o sabor.

COUVE SAUTÉE

É a couve-manteiga que, quando jovem e macia, cozinha mais rápido que qualquer outra verdura e não fica muito amarga. Este é um acompanhamento brilhante, mas pode ser usado como ingrediente de pizza ou, ainda, formar uma ótima mistura com macarrão tipo *penne* e queijo de cabra. **Rendimento: 4 porções.**

folhas de couve-manteiga
azeite de oliva
2 dentes de alho picados
¼ colher de chá de pimenta-vermelha em flocos (opcional para os que não comem pimenta)
sal
pimenta-do-reino moída na hora
limão

Lave e escorra a couve. Pique-a grosseiramente em pedaços de 5 cm, no sentido do caule (corte e descarte a parte dura no final do talo). Em uma panela grande, ferva água levemente salgada. Adicione a couve e deixe-a escaldar até ficar macia, por cerca de 5 minutos. Escorra em uma peneira.

Aqueça uma frigideira grande em fogo médio, adicione um pouco de azeite, alho, pimenta-vermelha em flocos, sal e pimenta-do-reino. Acrescente a couve e cozinhe por uns 5 minutos, mexendo ocasionalmente. Esprema algumas gotas de suco de limão antes de servir.

Couve soberana
Aqui estão algumas ótimas sugestões de uso para esta couve refogada:
- cobrir a pizza, com presunto cru (*prosciutto*);
- juntar pinholes (picados e torrados) e queijo de cabra e misturar ao macarrão;
- picar miudinho e misturar num substancioso risoto com caldo de carne;
- servir como acompanhamento para carne, frango ou (ainda melhor!) peito de pato grelhado;
- servir em torrada com queijo parmesão;
- misturar com ricota para rechear ravióli (Humm, como se você tivesse tempo para isso. Talvez no domingo? Esse é o meu dia dedicado a fazer massas com as crianças. Bem, isso acontece aproximadamente uma vez por ano.).

PURÊ DE COUVE-FLOR

1 maço de couve-flor
manteiga
sal
pimenta-do-reino moída
na hora

Este é um dos acompanhamentos mais mágicos que existem e tem toda a maciez do cremoso purê de batatas, porém com mais fibras e menos amido. Realmente um luxo! Fica espetacular com carne de porco, frango ou peixe. Rendimento: 4 porções.

Numa cesta para cozimento a vapor, acondicionada a uma panela grande com água fervendo, cozinhe a couve-flor até ficar macia. Depois de cozido o vegetal, bata-o em um processador de alimentos. Adicione sal, manteiga e pimenta a gosto. Processe novamente, até ficar homogêneo. Se o purê estiver muito grosso, acrescente um pouco de água e torne a bater.

Poderosa couve-flor

Compre um maço extra e tente prepará-lo assim: corte-o de cima para baixo, em grossas fatias, e cozinhe com manteiga, como se fossem bifes vegetarianos. Tempere com sal e pimenta.

VEGETAIS ASSADOS EM FOGO ALTO

Esta é uma daquelas receitas-mestre que irá servi-lo em toda sua vida, estando os filhos à mesa ou não. Praticamente qualquer vegetal típico de outono (abóbora, batata, couve-flor, couve-de-bruxelas, vagem) misturado a um pouco de óleo, sal, pimenta e ervas e assado por completo se tornará esplendoroso, dourado, untuosamente tostado. No verão ou na primavera, você pode fazer isso com qualquer vegetal firme, como cenoura, erva-doce ou beterraba. Um pouco de batata pode adicionar o encorpado do amido. Use apenas um legume ou brinque com as misturas. **Rendimento: 4 porções.**

6 xícaras, aproximadamente, dos legumes de sua preferência, picados ou cortados em pedaços com 2 cm de espessura (vale moranga, abóbora-menina, couve-flor, couve-de-bruxelas, vagem, brócolis ou algo do gênero)
azeite de oliva
alguns dentes de alho descascados
alguns ramos de tomilho fresco
sal
pimenta-do-reino moída na hora

Aqueça o forno a 220 ºC. Em uma fôrma ou assadeira grande, coloque azeite apenas o suficiente para untar levemente. Adicione o alho, o sal, o tomilho e a pimenta e misture novamente. Espalhe os vegetais em uma só camada, sem amontoá-los (você não quer que cozinhem, mas que assem e torrem). Se tiver muitos vegetais para uma assadeira, asse em duas fornadas.

Leve os legumes ao forno e asse-os até que estejam macios e levemente dourados. Prove após 15 minutos de forno. Se o vegetal estiver muito duro, seco ou sem sabor, acrescente um pouco mais de azeite e sal e deixe assar por mais tempo. Depois disso, prove a cada 5 minutos. Você saberá que estão prontos quando estiverem macios, untuosos e com sabor intenso.

Definição: a reação de Maillard

Nomeada em homenagem ao cientista Louis-Camille Maillard, esta reação química é responsável por grande parte do delicioso sabor deste prato (e de qualquer outro que doura com o calor; o tom amarronzado é a cor da caramelização e do sabor). Sob altas temperaturas, as moléculas de açúcar e os aminoácidos se quebram originando novos compostos químicos extremamente complexos e incrivelmente deliciosos; é por isso que a cenoura e a cebola tornam-se mais doces quando assadas.

BATATAS BRAVAS

- 4 xícaras de batatas-inglesas cortadas em cubos (nem precisa descascar)
  algumas colheres de sopa de azeite de oliva
- 2 colheres de sopa de alecrim fresco picado
- 1 colher de chá, aproximadamente, de *pimentón de la vera* (páprica espanhola defumada)
  algumas pitadas de pimenta-vermelha em flocos
  sal
  pimenta-do-reino moída na hora
- ½ xícara de maionese
- 1 dente de alho bem picado

Os espanhóis têm talento para lidar com o *pimentón de la vera*, isto é, aquela páprica defumada mágica que deixa tudo com gosto de bacon (o que é bom).

Aqui está uma variação das batatas-bravas espanholas (que alguns chamam de batatas rústicas). Elas são tradicionalmente fritas, servidas com *aioli*[1] picante. Esta variação é inversa: tempera-se as batatas inicialmente para então servi-las com a boa e velha maionese americana. No início, pegue leve com os flocos vermelhos de pimenta, mas não descarte a possibilidade de se surpreender: as crianças podem gostar de uma comida mais picante. Rendimento: 4 porções.

Preaqueça o forno a 220 °C. Em uma forma ou assadeira, misture bem as batatas, o azeite, o alecrim, a páprica, os flocos de pimenta-vermelha, o sal e a pimenta-do-reino; em seguida, distribua tudo em uma camada uniforme. Asse até que as batatas fiquem douradas e crocantes por fora e macias por dentro.

Em uma tigela pequena, misture a maionese com o alho. Coloque a mistura num recipiente e sirva com as batatas quentes.

Ingrediente secreto: *pimentón de la vera*

Este é provavelmente o tempero mais utilizado na minha casa, depois da pimenta-preta. Por ser defumado, ele é dez vezes mais apetitoso que a páprica comum. Esse ingrediente pode dar um sabor residual maravilhoso para molhos, carne grelhada, maionese, peixes e praticamente qualquer outra comida salgada que você queira deixar incrivelmente saborosa. Certifique-se de comprar a versão doce, uma vez que a picante (apimentada) pode ser forte demais para as crianças. O sabor defumado é o que torna esse tempero tão especial. Se você e sua família adoram comida picante, é só adicionar um pouco de pimenta-de-caiena.

---

[1] Molho de origem provençal, à base de maionese e alho. (NE)

Ingrediente secreto

FEIJÃO-BRANCO COM ALHO E ALECRIM: ITALIANO E QUASE INSTANTÂNEO

Poucos alimentos enlatados atingem a perfeição, e entre eles está o feijão, que praticamente não requer esforço para ficar delicioso. Sirva com arroz e está pronta a refeição. **Rendimento: 4 porções.**

- azeite de oliva
- 1 dente de alho picado
- 1 lata de feijão-branco (no tamanho ideal para sua família), drenado para escorrer o caldo grosso nada apetitoso
- 1 colher de sopa de alecrim fresco picado

Despeje um pouco de azeite em uma panela de tamanho regular e leve ao fogo médio. Adicione o alho e cozinhe, mexendo sempre, por 1 minuto. Misture o feijão e deixe aquecer por igual. Junte o alecrim, deixe em infusão por alguns minutos e sirva.

!

Feijão e pronto

Toda receita é uma fórmula, e esta não poderia ser mais fácil: basicamente feijão + ervas. Isso pode ser modificado para criar inúmeros pratos com sotaques étnicos:

- feijão-preto + coentro = feijão mexicano
- grão-de-bico + manjerona = quase um feijão grego
- feijão-branco + sálvia = uma versão mais outonal do quase instantâneo feijão-branco italiano

TIRAS DE COUVE-DE-BRUXELAS SAUTÉE

A razão pela qual muitas pessoas odeiam couve-de-bruxelas é porque esse vegetal costuma ser servido velho e cozido demais. A verdade é que a couve-de-bruxelas fresca e cozida adequadamente é outra história. Esta técnica suaviza e adoça na medida certa. O truque está em cortar a couve em tiras finas e salteá-las rapidamente. Rendimento: 4 porções.

- azeite de oliva
- 4 xícaras de couve-de-bruxelas em tiras finas
- alguns dentes de alho picados
- sal
- pimenta-do-reino moída na hora
- água ou caldo
- suco de limão espremido na hora

Espalhe um pouco de azeite numa frigideira grande, sobre fogo médio-alto. Adicione a couve-de-bruxelas, o alho, um pouco de sal e pimenta e cozinhe até caramelizar um pouco (7 a 10 minutos). Acrescente um pouco de água ou caldo. Deixe ferver lentamente em fogo médio-alto por 3 a 5 minutos, até o vegetal ficar macio; a cor deve permanecer vibrante. Se cozinhar até desbotar, passou do ponto: a doçura diminui e o desagradável gosto de enxofre começa a aparecer. Não importa se ficar um pouco *al dente*. Você se surpreenderá com a doçura. Se preferir, acrescente algumas gotas de suco de limão para equilibrar o sabor.

ABOBRINHA GRELHADA: VERSÁTIL E FANTÁSTICA

No auge da safra de abobrinhas, você precisa de uma maneira rápida e fácil de tirar o máximo proveito desse versátil vegetal. Como sempre, alho e vinagre balsâmico costumam dar um complexo toque adocicado a este prato. Outro truque é controlar o calor da grelha. Quando muito quente, a abobrinha vai queimar. Na temperatura certa, ela amolece e se torna doce, além de ganhar um bom sabor de alimento tostado. Nós as comemos puras, misturadas com massas, como ingrediente de pizza e em sanduíches. **Rendimento: 4 porções.**

6 abobrinhas, aproximadamente, cortadas ao comprido, em fatias grossas de 0,5 cm
1 colher, aproximadamente, de sopa de azeite de oliva
pimenta-do-reino moída na hora
2 colheres, aproximadamente, de sopa de vinagre balsâmico
alguns dentes de alho picados
sal
pimenta-do-reino moída na hora

Preaqueça a grelha em fogo médio. Numa tigela média, junte todos os ingredientes, misturando-os bem. Grelhe a abobrinha por cerca de 8 minutos de cada lado. O ideal é deixá-las macias e com apetitosas marcas amarronzadas de grelha. Não importa se elas ficarem levemente chamuscadas; só não deixe escurecerem demais.

Adaptando a abobrinha

Agora que você tem um monte de abobrinhas grelhadas, eis aqui o que fazer com elas:

- intercale algumas fatias com lascas de parmesão, rúcula e sobras de frango e monte um sanduíche;
- pique-as, junte com hortelã e queijo feta e misture com macarrão tipo *penne* ou outra massa curta;
- pique bem fininho e misture num risoto;
- corte em pedacinhos, acrescente queijo de cabra e faça uma omelete;
- ao grelhar a abobrinha, faça o mesmo com pimentão-vermelho e cebola-roxa e sirva-os picados num sanduíche, com linguiça grelhada;
- sirva simplesmente como acompanhamento para qualquer tipo de proteína.

BERINJELA JAPONESA GRELHADA **COM QUEIJO *HALOUMI* & HORTELÃ**

Esta é provavelmente nossa forma predileta de cozinhar berinjela. A pequena e delgada berinjela japonesa é a menos amarga de todas as variedades, e o mel apenas a torna mais agradável aos pequenos. *Haloumi* é um queijo grego e carnudo que não derrete quando grelhado. Se não encontrá-lo, o molho e a berinjela já compõem um excelente prato por si só. Rendimento: 4 porções.

- 6 a 8 berinjelas japonesas cortadas ao meio no sentido do comprimento
  azeite de oliva
  sal
  pimenta-do-reino moída na hora
- 3 colheres de sopa de mel
- 2 colheres de sopa de hortelã fresca picada (para a berinjela)
- 1 fatia de queijo *haloumi* ou queijo coalho (aproximadamente 3 cm × 5 cm)
- 2 colheres de sopa de tomilho fresco (ou alecrim e/ou sálvia)

Aqueça uma grelha (ou frigideira) em fogo médio. Numa tigela grande, misture a berinjela com um pouco de azeite, sal e pimenta. Grelhe a berinjela, com o miolo virado para baixo, por 5 minutos ou mais. Vire e grelhe por mais 5 a 10 minutos, até ficar macia e levemente chamuscada. Transfira para um prato, regue com mel e salpique hortelã.

Corte o queijo em fatias de 0,5 cm de espessura. Grelhe por mais ou menos 3 minutos de cada lado, até ficar com as marcas da grelha, mas sem deixar que derreta e lambuze tudo. Transfira para um prato, espalhe um fio de azeite por cima e salpique com o tomilho (ou alecrim e/ou sálvia).

Haloumi, o grande

Este grande queijo grego é um dos poucos que pode ser grelhado ou salteado em frigideira sem o risco de derreter instantaneamente e virar uma lambança. Use-o grelhado em saladas e sanduíches ou apenas saboreie-o como se fosse um filé de carne, frango ou peixe.

"No inverno, as vagens têm sabor de lápis. Porém, no verão seu **sabor é** acentuado e **mais doce** do que nunca. Com parmesão, ficam o máximo."

TOMATES-CEREJA & VAGENS

Aqui vai uma receita bem minimalista. Escalde as vagens. Corte os tomates ao meio. Tempere. Pronto. Rendimento: 4 porções.

500 g de vagens
500 g de tomates-cereja
    cortados ao meio
    sal
    pimenta-do-reino moída
    na hora
    azeite de oliva
    suco de limão
    queijo parmesão em lascas

Encha uma panela média com água, adicione o sal e deixe ferver. Acrescente as vagens e deixe-as escaldar até ficarem macias (aproximadamente 5 minutos — ou menos, se preferir levemente crocante). Escorra-as em uma peneira sob água fria ou jogue-as num recipiente com água e gelo (isso evita que fiquem desbotadas e deixa a cor verde mais bonita e brilhante). Corte as vagens em pedaços que caibam na boca. Em uma tigela grande, misture-as com os tomates. Tempere com sal e pimenta, um fio de azeite e algumas gotas de suco de limão. Misture bem, decore com o parmesão em lascas e sirva.

Muito tomate?

Se você ainda tem um monte de tomates-cereja, esta ideia é igualmente fácil: salteie-os em azeite, sal e pimenta até que estalem e tenham a pele rompida e está pronto um molho de macarrão ou acompanhamento. Adicionar um dente de alho deixa gostoso também, mas não é necessário. Já um punhado de ervas pode dar mais vida, cor e sabor.

CURRY **JÁ**

Agora vamos a um curry que costuma agradar. Não é uma fórmula restrita, de maneira nenhuma; mas sempre há uma cebola, algum amido (batata ou coisa parecida), alguns legumes da estação e, naturalmente, especiarias indianas. É basicamente refogar, temperar e cozinhar em fogo baixo. Nós servimos com arroz, é claro. O arroz basmati é melhor, mas não se preocupe se não o tiver. **Rendimento: 4 porções.**

- 1 cebola picada
- 1 dente de alho picado
- azeite de oliva
- ½ colher de chá de *garam masala*[1]
- ½ colher de chá de cominho em pó
- ¼ colher de chá de cúrcuma (açafrão-da-terra)
- ¼ colher de chá de gengibre em pó
- 1 batata-doce descascada e cortada em fatias finas
- 2 batatas-inglesas grandes, descascadas e cortadas em fatias finas
- sal
- 1 lata (400 g) de tomate pelado
- 1 xícara de leite de coco
- 1 folha de louro
- 2 xícaras de tofu extrafirme cortado em cubos
- 1 maço de aspargos cortados em pedaços de 3 cm de comprimento
- coentro fresco

Numa panela grande, em fogo médio, refogue a cebola e o alho com pouco azeite, mexendo ocasionalmente, até ficarem macios (3 a 5 minutos). Misture as especiarias e deixe refogar por mais alguns minutos. Acrescente as batatas, um pouco de sal e mexa. Adicione os tomates, o leite de coco e a folha de louro, baixe o fogo ao nível mínimo e deixe cozinhar lentamente, até que as batatas estejam macias (15 ou 20 minutos); acrescente um pouco de água, se necessário. Junte o tofu (queijo de soja) e os aspargos e cozinhe até que os aspargos fiquem macios e o tofu aqueça por inteiro. Prove e ajuste o tempero, se necessário. Decore com coentro.

---

[1] Mistura indiana de especiarias moídas. (NE)

Curry já

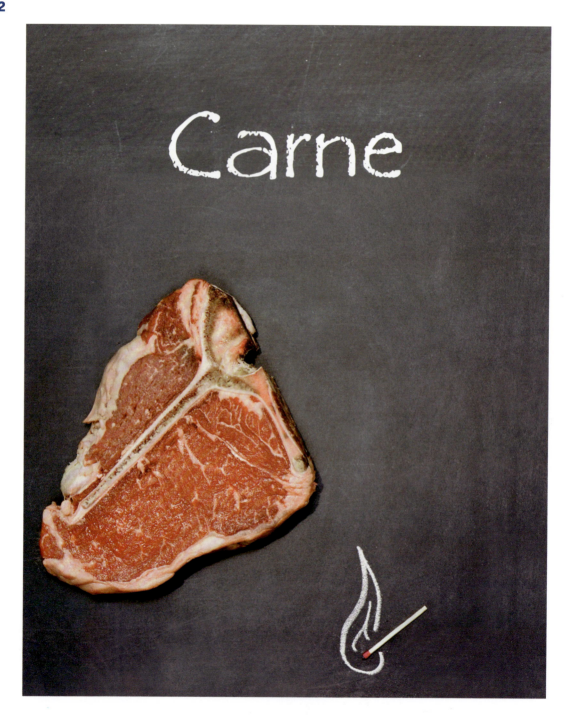

CARNE

Quanto nossas crianças apreciam carne? Muito! E de forma tão primitiva que chegam a sorrir enquanto mastigam um pedaço malpassado de filé grelhado, cujo suco escorre pelo queixo. Elas são como pequenos homens da caverna, entusiasmados com o sucesso da caça. Sua empolgação é feroz e não se limita à carne bovina, ou mesmo ao cordeiro. Nós já as alimentamos com carne de boi (e também de cordeiro, porco, urso — sim, acredite você ou não, comeram urso, mas foi uma vez só, o.k.?), porém não em pedaços gigantes, como aqueles de ½ kg. Nós tratamos a carne como um prêmio, exatamente como deve ser — e é assim na maioria das culturas. Então, um bife inteiro é uma espécie de luxo em nossas famílias, para ser degustado e reconhecido como um tipo de bênção. E nós fazemos apenas um filé, dividido em quatro, uma vez por semana. Isso pode parecer insuficiente, mas não quando você corta a carne em fatias finas, tempera bem e serve em leque, sobre uma salada com bastante molho e erva-doce em lascas, queijo parmesão, rúcula, com um pouco de azeite e um toque de suco de limão fresco... Opa, já estamos fugindo do assunto... Nós valorizamos e celebramos a carne, e por isso criamos uma série de receitas que colocam a carne de boi, cordeiro e porco em um pedestal.

O HAMBÚRGUER GASTROKID

Quando se trata de fazer um hambúrguer, a regra mais importante é saber de onde veio a carne. Se no açougue você não conseguir carne moída na hora, então não vale a pena lançar-se à extravagância suculenta que é um hambúrguer feito em casa. Ao mesmo tempo que você pode brincar adicionando cebola e alho picados, uma carne boa só precisa de um pouco de sal e pimenta para dar conta do recado. Mas, para tirar o hambúrguer da monotonia cotidiana e elevá-lo à categoria de comida de festa que ele merece, temos que brincar com os ingredientes adicionais. Em vez de fingir que o hambúrguer é um alimento saudável, vamos acrescentar gordura suína, sob a forma de bacon bem crocante. **Rendimento: 4 porções.**

500 g de carne bovina cujo animal tenha sido alimentado com pasto (pode ser alcatra ou qualquer outra carne, tanto faz)
sal
pimenta-do-reino moída na hora
12 fatias grossas de bacon
2 xícaras de cebola fatiada (branca, amarela, roxa, a que tiver)
vinagre balsâmico
azeite de oliva
pães de hambúrguer
queijo de mofo azul
rúcula

Misture (mas não em demasia) a carne com o sal e a pimenta e dê forma aos hambúrgueres. Deixe-os na geladeira até o momento de levá-los ao fogo.

Numa frigideira grande, cozinhe o bacon em fogo médio-baixo até ficar no ponto. Reserve (e mantenha as crianças afastadas, para evitar que, de pedaço em pedaço, comam tudo). Guarde 2 colheres de sopa da gordura derretida e descarte o que sobrar dela.

Na mesma frigideira, refogue a cebola em fogo médio por 3 a 5 minutos, mexendo ocasionalmente, até ficar macia. Derrame um fio de vinagre balsâmico e cozinhe por aproximadamente mais 1 minuto: isso dará cor e um toque adocicado às cebolas. Tempere com sal e pimenta. Transfira a cebola para um prato.

Deixe a frigideira esfriar um pouco e limpe-a com papel-toalha. Adicione cerca de 1 colher de sopa de azeite e cozinhe os hambúrgueres em fogo médio, até que ambos os lados fiquem dourados. (Ou, claro, você pode grelhar os hambúrgueres).

Espalhe nos pães os molhos ou condimentos de sua preferência. Em cada lanche, coloque um hambúrguer quente, adicione o queijo, o bacon, as cebolas e a rúcula. Por fim, deleite-se nessa maravilha.

Alimentado com pasto

O gado alimentado com pasto é melhor para o meio ambiente, pois cresce com pastagem e não com grãos (há maior consumo de energia na produção desses últimos). Também é uma carne mais magra que a convencional; por isso acrescentamos bacon e queijo à receita.

CONTRAFILÉ COM ESPUMA DE MANTEIGA

É incrível como um mero ajuste numa receita pode aprimorar algo que já se destaca por sua simplicidade. E fica mais fácil quando os ajustes são técnicas de dois chefs extremamente talentosos. Estamos falando da espuma de manteiga na qual serão banhados os bifes (agradecimentos a Gordon Ramsey) e da infusão de tomilho feita de última hora, que dá sabor à manteiga (aplausos para Tom Colicchio). **Rendimento: 4 porções.**

1 bife alto de contrafilé (ou qualquer outro bife, como miolo de alcatra, maminha e até mesmo fraldinha)
sal
pimenta-do-reino moída na hora
óleo de canola
4 colheres, aproximadamente, de sopa de manteiga
4 ramos de tomilho (sim, folhas e caule; juntos, eles decoram o prato com um toque rústico)

Tempere os bifes a gosto, com sal e pimenta em ambos os lados. Numa frigideira média, aqueça 2 colheres de sopa de óleo de canola em fogo médio-alto (pelo menos por alguns minutos, para que fique bom e quente; o óleo brilhará e fará certa fumaça). Adicione o bife e deixe-o cozinhar de um lado por cerca de 4 minutos, sem mexer, até ficar crocante e adquirir um belo tom marrom. Em seguida, vire-o para cozinhar o outro lado. Acrescente a manteiga na frigideira, deixe derreter e espumar. Use uma colher para regar o bife com a manteiga. Junte os raminhos de tomilho, eles vão estalar e respingar, dando sabor à manteiga. Regue a carne novamente. Cozinhe até ficar ao ponto (aproximadamente 4 minutos de cada lado, para que fique firme, mas ainda sensível ao toque).

Deixe o bife descansar por 10 minutos sobre uma tábua de corte, para que os sucos estabilizem. Em seguida, corte-o em fatias com 0,5 cm de espessura; distribua os pedaços formando um leque em cada prato. Decore com um ramo de tomilho. Esta receita combina muito bem com uma salada crocante e pão grelhado ou torrado.

ESCONDIDINHO CAIPIRA

6	ou mais batatas-inglesas grandes
½	xícara de leite
1	xícara de queijo ralado (cheddar ou uma mistura de queijos)
	sal
	pimenta-do-reino moída na hora
	tomilho fresco picado (ou alecrim)
2	colheres de sopa de azeite de oliva
500	g de carne moída
	uma pitada de pimenta-calabresa
½	cebola-branca picada em cubinhos
1	talo de salsão picado em cubinhos
1	cenoura picada em cubinhos
2	dentes de alho picados
100	g de *pancetta* picada (ou bacon)
3	colheres de sopa de manteiga
4	colheres de sopa de farinha de trigo
1	xícara de vinho tinto
¾	xícara de caldo de carne (ou qualquer outro caldo, ou água)

O truque para este prato (e também para muitos outros) está em forçar a caramelização do *mirepoix* (nome fantasia para a mistura de cebola, cenoura e aipo) e salgá-lo bem desde o início. As ervilhas congeladas são completamente desnecessárias, mas nada traduz melhor a cozinha britânica do que pálidas ervilhas. É um toque da antiga cozinha caseira. Ah, e se você quiser seguir à risca a receita original, use cordeiro no lugar de carne de boi (ou uma mistura dos dois). **Rendimento: 4 porções.**

Ferva as batatas até ficarem macias (15 a 20 minutos), escorra e amasse-as juntando o leite, o queijo, o sal, a pimenta e as ervas frescas.

Enquanto isso, aqueça o forno a 200 ºC.

Em uma panela ou frigideira grande, aqueça o azeite em fogo alto. Adicione a carne, tempere com sal e pimenta-calabresa e deixe cozinhar, banhando a carne com uma colher e mexendo ocasionalmente até dourar. Reserve em uma tigela. Na mesma panela, coloque a cebola, o salsão, a cenoura, o alho e a *pancetta*. Tempere com sal e pimenta. Cozinhe por 8 a 10 minutos, mexendo ocasionalmente, até que os vegetais fiquem caramelizados. Adicione a manteiga e a farinha e cozinhe misturando de vez em quando, até se unificarem por completo (esse procedimento se chama *roux*; ele adicionará sabor e ajudará a engrossar o líquido que será acrescentado mais tarde). Retorne a carne à panela e misture.

Adicione o vinho e deixe o álcool evaporar. Acrescente o caldo de carne (ele engrossará com a fervura — essa é a mágica do *roux*). Despeje a mistura em um refratário ou assadeira. Com o auxílio de uma colher, cubra com o purê de batatas e leve ao forno. Deixe que asse por igual, até que o topo comece a dourar (isso leva aproximadamente 20 minutos).

Mirepoix

Existem hortaliças mais importantes do que aipo, cebola, e cenoura? Os franceses acham que não, e é por isso que eles se referem a esse despretensioso trio de vegetais como a "Santíssima Trindade". Refogue essa mistura (ou substitua por tomates ou pimentões-verdes ou vermelhos) e você terá um ponto de partida para receitas de todo o mundo. Ah, quanto ao nome, *mirepoix*, aparentemente se trata de uma homenagem a algum duque francês.

LOMBO DE PORCO **CARAMELIZADO AO LEITE**

Este suculento lombo de porco cozido lentamente no leite tornou-se uma febre depois que o River Cafe de Londres convenceu os chiques londrinos de que um prato não precisa ser belo para se tornar delicioso e atraente. O melhor de tudo é que, enquanto o lombo cozinha, o leite se torna um molho doce, ligeiramente granulado e caramelizado, para ser derramado sobre a carne. É quase como comer lombo de porco com ambrosia. Agora, diga-me: qual bebê, criança ou adulto não comeria isso? Gostamos de preparar acompanhamentos simples para esta receita: brócolis e purê de batatas completam esta ridiculamente fácil e deliciosa refeição em família. **Rendimento: 4 porções.**

1 lombo de porco (limpo e sem osso)
sal
pimenta-do-reino moída na hora
1 colher de sopa de manteiga sem sal
3 xícaras de leite

Aqueça uma frigideira grande em fogo médio-alto. Tempere toda a superfície do lombo com sal e pimenta. Derreta a manteiga na frigideira, acrescente o lombo e deixe-o dourar por inteiro. (O.k., você poderia parar a receita por aí... cozinhando a carne um pouco mais, é claro.) Uma vez dourado (cuide para não queimar a manteiga), acrescente uma xícara de leite, espere ferver e baixe o fogo ao nível mínimo, para cozinhar lentamente. Após 15 minutos, adicione outra xícara de leite. Cozinhe por mais 15 minutos e adicione outra xícara. Após 45 minutos totais de cozimento, o lombo estará macio e o leite terá reduzido a pequenos coalhos caramelizados (acredite, é bem melhor do que parece). Remova o lombo e despeje o molho num recipiente separado. Deixe a carne descansar por uns 10 minutos e, então, fatie e sirva com o molho de leite.

CARNE DE PEITO ASSADA À MODA MEDITERRÂNEA

MARINADA
Uma pitada de:
  páprica
  pimentón de la vera
  alho e sal em pasta
  cominho em pó
  sal
  pimenta-do-reino moída
  na hora
  pimenta-calabresa

CARNE
2½ kg de carne de peito
    azeite de oliva
 1 lata (400 g) de tomate
    pelado
 1 xícara de vinho branco

Agradecemos aos leitores do *Gastrokid.com* que mandaram suas receitas e dicas quando pedimos ajuda para fazer uma carne de peito perfeita. Esta receita é para eles. Nós pegamos todas as sugestões, fizemos um bem-bolado, e então aperfeiçoamos alguns detalhes para chegar a um assado moderno, mediterrâneo, ideal para os meses frios. Este é um daqueles pratos de fim de semana que você começa a preparar um dia antes (a carne precisa marinar por uma noite) e cozinha desde cedo na manhã seguinte (aromas incríveis se espalharão pela casa). Se você quiser, pode prepará-la no sábado e, no domingo, basta aquecer antes de servir. Fica melhor ainda se você deixar que os sabores sejam curtidos por mais uma noite. **Rendimento: 4 porções.**

Na noite anterior ao cozimento do prato, junte todos os ingredientes da marinada e esfregue bem a mistura em toda a carne de peito. Cubra e deixe na geladeira durante toda a noite.

Sete horas antes do horário em que pretende servi-la, aqueça o forno a 180 ºC.

Enquanto o forno é aquecido, despeje azeite de oliva numa caçarola pesada, ou assadeira com tampa, sobre fogo médio. Adicione a carne de peito marinada e deixe dourar em todos os lados. Acrescente o tomate e o vinho branco e coloque água suficiente para que ⅓ da carne fique imersa no caldo. Tampe, leve ao forno e deixe assar por 5 horas e meia. Retire do forno, destampe e deixe descansar por 45 minutos.

O resultado é uma carne que derrete na boca, rica em sabores, mas não apimentada. Sem dúvida, esta receita é o máximo.

!

Carne de peito: devagar e sempre, para servir no dia seguinte

A dica para servir a melhor carne de peito é cozinhar lentamente. Cinco horas são suficientes, mas sete darão um resultado melhor ainda; depende do modo como você se organiza para o preparo. Mas talvez a melhor coisa da carne de peito é poder prepará-la como fazem as delicatessen mais renomadas de Nova York: assam um dia antes de servir, esperam esfriar, fatiam finamente e deixam na geladeira. No dia seguinte, você aquece as fatias no molho e as serve num instante. A carne fica ainda mais macia e deliciosa quando usada intencionalmente como "sobra".

COSTELA DE PORCO AO SHOYU, GENGIBRE & LARANJA

- ¾ xícara de suco de laranja
- ¼ xícara de shoyu (molho de soja)
- 1 colher de sopa de gengibre fresco ralado
- 3 dentes de alho picados
- 1 colher de sopa de açúcar mascavo
- 1 pitada de pimenta-calabresa
   sal
   pimenta-do-reino moída na hora
- 1 costela suína grande (2 kg) cortada em porções individuais

Esta receita é para um dia de chuva. Basta unir bons sabores, regar com molho, cozinhar lentamente e, então, a alquimia do resultado compensa o esforço. **Rendimento: 4 porções.**

Preaqueça o forno a 180 °C.

Em uma ass´adeira grande retangular, sobre fogo médio, misture o suco de laranja, o shoyu, o gengibre, o alho, o açúcar mascavo, as pimentas e o sal. Deixe levantar fervura e cozinhe até dissolver o açúcar. Ponha as costelas no molho e misture até envolvê-las por completo; depois, leve a mistura ao forno. A cada 30 minutos, esfregue as costelas no molho para formar uma cobertura brilhante. Após 2 horas e meia de forno, transfira-as para outra assadeira e reduza o fogo a 100 °C. Devolva as costelas ao forno para mantê-las aquecidas.

Preaqueça a grelha.

Despeje o molho da assadeira em uma panela pequena e deixe-o ferver em fogo médio-alto por 15 minutos, até engrossar e soltar facilmente do fundo da panela. Pincele as costelas com esse molho encorpado e leve-as à grelha para dourar.

COSTELINHA DE PORCO COM CHUCRUTE

Uma das combinações fantásticas de sabor é aquela que mistura doce e azedo. Nesta receita, o azedinho do chucrute equilibra a untuosidade das costelas de porco. Este prato é um deleite quando servido com purê de batatas e brócolis. É tão fácil que você até terá tempo para amassar o purê com o garfo mesmo. **Rendimento: 4 porções.**

- 2 costelas suínas pequenas (800 g cada; orgânicas, claro) cortadas em porções individuais
- 2 vidros (450 g) de chucrute em conserva
- 1 xícara de açúcar mascavo

Preaqueça o forno a 180 ºC. Em um refratário grande, misture as costelas com o chucrute e o açúcar mascavo, certificando-se de que as costelas estão cobertas por inteiro (o chucrute é essencial à receita, pois fornece a umidade necessária para amaciar a costela). Asse por 2 horas e meia ou 3 horas. (Nosso forno é um pouco imprevisível, por isso verifique a carne após 2 horas e meia — ela deve ficar completamente macia e desprender facilmente do osso. Assim, você pode roubar uma costelinha antes que o restante da família as devore!)

A arte de comer com eficiência

Quer saber como fazer justiça a uma costelinha de porco? Dê um pedaço dessa carne a um bebê e assista-o limpando tudo, sugando os ossinhos. Houve um tempo — não tão distante — em que a ideia de dispensar qualquer carne boa (ou gordura, diga-se de passagem) era considerada uma extravagância. Quando começamos a reavaliar nossa relação com a terra e o valor real da carne, percebemos que não há melhor momento para começar a incentivar o hábito de lamber ossos.

BISTECA FIORENTINA **PARA CRIANÇAS**

De todos os cortes de carne existentes no mundo, talvez não exista nada mais emblemático no universo infantil que uma bisteca de carne, aquele inesquecível corte de filé e contrafilé com osso em "T" (tibone), presente nos desenhos animados dos Flintstones e do Papa-Léguas. Tenha em mente a forma e escala de proporção ilustrada nos desenhos quando estiver no balcão do açougue ou na seção de carnes do supermercado. A intenção é ter uma bisteca grande, para alimentar uma família de quatro pessoas. Sirva com uma salada de rúcula temperada apenas com azeite de oliva, suco de limão, sal e pimenta-do-reino. Junte algumas fatias de pão torrado e terá um banquete italiano autêntico e incrivelmente fácil. Rendimento: 4 porções.

> óleo de canola (se for usar uma frigideira)
> 1 bisteca fiorentina[1] enorme (nós gostamos daquela mais cara, de 3 cm a 5 cm de espessura, embora a mais fina também sirva)
> sal
> pimenta-do-reino moída na hora
> 1 maço grande de rúcula
> suco de limão
> azeite de oliva

Aqueça uma frigideira grande ou uma grelha em fogo alto até ficar o mais quente possível. Acrescente óleo de canola o bastante para cobrir levemente o fundo da frigideira. Deve sapecar, mas não fumegar. Tempere toda a carne com sal e pimenta e, em seguida, na frigideira ou grelha, sele-a de ambos os lados. Deixe tempo suficiente para que fique quase ao ponto. Dependendo da espessura da carne, isso pode variar muito. Cozinhe por 5 minutos de um lado (veja se ficou bem marcado pela grelha), vire do outro lado, e então comece a verificar o ponto da carne após 5 minutos. Meu teste preferido de ponto de carne é o teste do palito — o mesmo que usamos para bolo — espetado no centro da carne. Toque o palito em seu lábio inferior. Se estiver frio, está muito malpassado. Se estiver quente, está passado demais. Se estiver morno, quase quente, está no ponto certo. Retire a bisteca da frigideira e deixe descansar por cerca de 10 minutos. Não pule essa parte, ou você perderá todo o suco bom da carne quando cortá-la.

Enquanto a carne descansa, misture a rúcula com o suco de limão e o azeite e tempere com sal e pimenta. Fatie a carne no sentido perpendicular ao osso central e sirva sobre a salada de rúcula.

---

1 Corte transversal da carne que engloba a alcatra, o contrafilé e o filé-mignon. (NT)

BELAS **ALMÔNDEGAS**

Esta receita é como a tradicional: italiana e com direito a toalha de mesa quadriculada. Mas o sabor é bem melhor (sinceramente!). Você pode servir as almôndegas com massa, polenta, pão, em sanduíches ou puras. Assim como em muitos pratos do repertório familiar, de vez em quando você cria algumas regras para garantir sempre o mesmo gosto delicioso. Então, antes de dar a receita, vale algumas dicas:

- não amasse demais a carne: quando mesclar os ingredientes com as mãos, pare assim que a mistura estiver homogênea e integrada. Não precisa compactar como se fosse uma bola de neve;
- tempere tudo: é preciso um pouco de sal na mistura, o suficiente para realçar todos os sabores;
- use mais ervas do que você normalmente usaria, pois seu sabor faz a diferença;
- retire a casca dura do pão: você precisa da leveza do miolo e não da densidade da crosta.

Rendimento: 4 porções.

- 1 xícara de pão em cubos (descarte as cascas)
- ¼ xícara de leite
- 500 g de carne moída
- 1 copo transbordando de ervas frescas picadas (escolha uma erva ou combine salsinha, sálvia, alecrim, tomilho e orégano)
- 1 xícara de queijo parmesão, ou pecorino romano, ralado na hora
- 2 dentes de alho bem picados
- 1 ovo grande batido
- 1 pitada de pimenta-calabresa sal
  pimenta-do-reino moída na hora
- 2 colheres de sopa de azeite de oliva
- 1 xícara de farinha de trigo, em um prato
- 1 lata (800 g) de tomate pelado san marzano[1] (ou outro)

Para fazer as almôndegas, misture, numa tigela pequena, o leite e os cubos de pão. Numa tigela grande, junte a mistura de leite e pão com a carne, as ervas, o queijo, o alho, os ovos, o sal e as pimentas, mesclando com as mãos até ficar homogêneo. Ainda usando as mãos, faça bolas de 3 cm de diâmetro.

Aqueça, em fogo médio, uma panela grande ou frigideira com algumas colheres de azeite de oliva. Passe as almôndegas levemente na farinha e, em seguida, disponha-as cuidadosamente, uma a uma, na frigideira quente. Doure bem por todos os lados, virando-as de vez em quando com a ajuda de uma pinça. Para obter uma casquinha crocante, deixe as almôndegas por vários minutos numa mesma posição antes de virar. Cuide para que não desmanchem.

Despeje os tomates em uma tigela grande e esmague-os com as mãos (com cuidado, pois o suco tende a esguichar longe). Derrame os tomates sobre as almôndegas e deixe ferver, em fogo médio, para reduzir um pouco o molho e cozinhar as almôndegas por completo. Tempere com sal e pimenta.

---

[1] Espécie de tomate italiano firme e adocicado, de formato cilíndrico alongado, excelente para molhos. (NT)

PALETA DE PORCO **À MODA PORTO-RIQUENHA**

Este prato é uma homenagem a uma casa de carnes italiana de Carroll Gardens — na região do Brooklyn, em Nova York — que mudou sua paleta de porco assada para atender à grande clientela porto-riquenha. Eles jamais revelarão a receita de sua marinada, mas, ao longo dos anos, conseguimos um sabor parecido por tentativa e erro. Este prato exige um pouco de antecedência, ao menos 24 horas (embora 48 sejam o ideal), já que esse é o tempo que a paleta de porco deve ficar marinando na geladeira. Sirva com arroz e feijão. Rendimento: 4 porções.

- 3 colheres de sopa de azeite de oliva
- 8 dentes de alho picados
- 2 colheres de chá de páprica
- 2 colheres de chá de pimenta-de-caiena
- ½ colher de chá de cebola em pó ou em flocos
- 1 pitada generosa de pimenta-calabresa
- 1 pitada generosa de orégano
- 1 pitada generosa de cominho em pó
  sal
  pimenta-do-reino moída na hora
- 1 paleta de porco inteira (aproximadamente 3 kg)

Numa tigela, misture azeite, alho, páprica, pimenta-de-caiena, cebola em pó (ou em flocos), pimenta-calabresa, orégano, cominho, sal e pimenta-do-reino. Esfregue essa mistura sobre a carne de porco até cobri-la por inteiro. Embale em um saco de assar e leve à geladeira.

No dia de assar, preaqueça o forno a 180 °C. Risque com a ponta da faca o lado da gordura (isso formará uma crostinha incrível) e coloque a carne numa assadeira funda, com a gordura para cima. Cubra ⅓ da assadeira com água, tampe, leve ao forno e deixe por cerca de 3 horas e meia (regando com o líquido da assadeira a cada 30 minutos, mais ou menos). Destampe a carne de porco e devolva-a ao forno para assar por mais 30 minutos. Utilize um termômetro de carnes para verificar o ponto (75 °C), mas tome cuidado para não tocar o osso, pois isso resulta em leitura equivocada.

Tostones

Tostones não são apenas ótimos aperitivos salgados ou um bom acompanhamento, mas também têm a vantagem de permitir a ajuda de mãozinhas extras em sua preparação. Você precisará de 6 bananas-da-terra descascadas e cortadas em fatias de 0,5 cm. Aqueça uma frigideira com óleo vegetal (em quantidade suficiente para cobrir as fatias) e, quando estiver bem quente, adicione as bananas com o auxílio de uma escumadeira. Frite até dourar, mas não deixe queimar; provavelmente será necessário fazê-lo em etapas. Retire as bananas com a escumadeira e descanse-as sobre papel absorvente para eliminar o excesso de óleo. Quando esfriarem, chame sua Gastrokid para achatá-las com a ajuda de um batedor de carne ou utensílio similar. Leve as bananas ao óleo mais uma vez e frite-as por alguns minutos. Escorra novamente, deixe esfriar e polvilhe com sal e alho cru picado. Devorem!

LINGUIÇA COM **FEIJÃO-BRANCO EM SÁLVIA**

Há um toque minimalista de bistrô neste prato. Ele é tão fácil que parece até um crime ganhar crédito por cozinhá-lo. A folha de sálvia fresca dá um sabor totalmente caseiro. **Rendimento: 4 porções.**

1 kg de linguiça, aproximadamente, (pré-cozida, de frango ou peru, é uma ótima opção)
azeite de oliva
alho picado
4 xícaras, aproximadamente, de feijão-branco em conserva, escorrido
sálvia fresca (ou alecrim)
suco de limão espremido na hora
sal
pimenta-do-reino moída na hora

Em uma panela grande sobre fogo médio, doure a linguiça por todos os lados. Quando cozida, reserve-a em um prato. Na mesma panela, adicione um pouco de azeite de oliva e alho. Cozinhe, sem parar de mexer, até que o aroma seja liberado. Em seguida, adicione o feijão e a sálvia e aqueça bem. Esprema um pouco de suco de limão para realçar os sabores. Tempere com sal e pimenta, se necessário. Sirva em pratos com a linguiça por cima.

"Alimento enlatado pode ser **comida boa**, desde que seja orgânico e não contenha nenhum aditivo. Feijões em lata **fazem deste prato típico de bistrô algo fácil demais**."

FRANGO

No Gastrokid defendemos a reavaliação não só do conceito que as famílias têm acerca do frango, mas também do modo como cozinham esse alimento. Não apenas deveria ser comum você comprar frangos orgânicos e caipiras (para lembrar os benefícios: são criados de forma ética, não contêm hormônios e têm mais sabor), como talvez seja esta a hora de começar a tratá-lo como um ingrediente de luxo, como era há algumas décadas, antes da industrialização das granjas. E com o preço que custa um bom frango atualmente, fica mais fácil pensar dessa maneira. Apesar de estarmos acostumados a recorrer a uma bandeja de peito de frango desossado e sem pele de vez em quando, um frango inteiro representa não só uma carne mais suculenta, mas alguns trocados extras no bolso (você não está pagando pelo corte). Também oferece a oportunidade de ensinar às crianças de onde vem a comida. "O velho MacDonald tinha uma fazenda" não é apenas uma tradicional cantiga de ninar norte-americana. É uma instrutiva história sobre o que é manter uma fazenda. Ou, pelo menos, o que costumava ser. Mas podemos fazer algo a respeito do triste estado da pecuária em nosso país. Quanto mais frangos orgânicos e caipiras você comprar mais incentivará as granjas a se tornarem lugares que valem a pena serem mostrados às crianças.

FRANGO ASSADO EM ALTA TEMPERATURA

Embora o peito de frango seja supostamente um alimento conveniente, parece que metade das receitas exagera no sabor e na reintrodução de gordura, o que significa mais ingredientes, mais etapas e, ao final, mais tempo. Pensei em começarmos do básico, aproximando-nos da mais elementar e familiar fonte de proteína: um frango inteiro assado. Rendimento: 4 porções.

- 1 frango de 2 kg, orgânico e caipira
- 3 colheres de sopa de manteiga
  bastante sal
  pouca pimenta
- 4 ramos de cada erva: alecrim, sálvia e tomilho
- ½ limão

Preaqueça o forno a 250 ºC.

Enxágue o frango e seque-o com um papel-toalha. Passe a manteiga por baixo da pele do peito e espalhe um pouco de sal lá dentro. Passe sal e pimenta em volta de todo o frango. Encha a cavidade com as ervas e o limão cortado. Coloque em uma assadeira e asse por 30 a 40 minutos. Se o forno começar a fumegar e o exaustor não der conta, baixe a temperatura para 220 ºC. Asse por mais 20 minutos, aproximadamente, ou teste a temperatura com um termômetro: deve marcar 75 ºC no peito e 85 ºC na coxa. Deixe descansar por 15 minutos antes de servir.

"Apesar de recorrermos a uma bandeja de **peito de frango desossado e sem pele** de vez em quando, um frango inteiro representa não só **uma carne mais suculenta**, mas alguns trocados extras no bolso".

NUGGETS DE FRANGO JAPONESES

Se seus filhos imploram por nuggets de frango, está na hora de redirecioná-los para algo um pouco mais saudável e que você tenha certeza quanto à origem orgânica e caipira. Aqui está a primeira de duas receitas de nugget de frango deste livro (a outra não é tão gourmet, mas é igualmente gostosa). Com este delicioso salteado de frango coberto com panko[1] japonês, vai parecer até que você está servindo ao seu filho uma receita do Nobu.[2] Sirva com arroz branco e um pouco de shoyu. **Rendimento: 4 porções.**

óleo vegetal, ou outro de sabor neutro (não use azeite de oliva, para evitar o sabor residual)

1 peito de frango sem pele e sem osso, orgânico e caipira (ou seja: as 2 metades do peito de 1 frango), cortado em tiras de 3 cm farinha de trigo, num prato raso

2 ovos grandes, batidos, numa tigela

2 xícaras de panko, num prato raso sal pimenta-do-reino moída na hora

Em uma frigideira antiaderente grande, aqueça o óleo em fogo médio. Passe as tiras de frango na farinha de trigo, mergulhe-as nos ovos e depois no *panko*. Leve-as à frigideira para saltear (tempere com sal e pimenta e vire-as do outro lado quando dourar). Deixe cozinhar por inteiro (aproximadamente 6 minutos de cada lado).

Você é o Nobu

Nobu Matsuhisa é um chef brilhante que tem muito a ensinar aos pais atormentados. Ele fez que milhares de americanos comessem algo que não costumavam comer, dando-lhes o que queriam: sabores marcantes. Limão. Frituras. Shoyu salgado. E, debaixo disso tudo, o peixe cru. *Voilà*: os americanos tornaram-se fanáticos pelo *sushi* e o império de restaurantes Nobu continua em expansão pelo mundo. Você também pode usar este trunfo: dê às crianças uma coisa que elas curtem (pizza) com algo a que não estão acostumadas (uma erva fresca, um queijo que nunca experimentaram). Basta ser sincero, sempre, e você ficará surpreso com a revolução culinária que terá início em sua própria casa.

[1] Versão japonesa da farinha de rosca, feita com pão de forma branco seco e grosseiramente ralado. (NT)

[2] Famosa rede norte-americana de restaurantes japoneses de alta gastronomia. (NT)

NUGGETS DE FRANGO TRADICIONAIS COM FLOCOS DE MILHO:
CAFÉ DA MANHÃ & JANTAR NA MESMA REFEIÇÃO

Aqui está a receita tradicional e preferida da avó da esposa de Matthew. Estamos falando das tirinhas de frango empanadas, não com farinha de rosca — que faz sujeira e dá trabalho — mas com flocos crocantes de milho. É basicamente a versão americana da receita japonesa, ou esta, se pensarmos bem, provavelmente é a versão japonesa da receita americana. É como aquela história de quem veio primeiro, galinha ou ovo. Ou melhor, frango ou galinha. Rendimento: 4 porções.

óleo vegetal
1 peito de frango (de novo: as 2 metades do peito de 1 frango) sem pele e sem osso, orgânico e caipira, cortado em tiras
1 ovo grande batido
1 tigela de flocos de milho crocantes esmigalhados
sal
pimenta-do-reino moída na hora

Preaqueça o forno a 180 ºC. Unte levemente uma assadeira com óleo. Mergulhe as tiras de frango no ovo, depois passe-as nos flocos de milho e as distribua na assadeira. Tempere com sal e pimenta. Asse por 15 a 20 minutos, ou até cozinhar o frango e dourar os flocos de milho.

!

Nuggets de frango com flocos de milho

Você sabia que, ao chegarem aos Estados Unidos e ao Canadá, os novos imigrantes eram recebidos com Sucrilhos (cortesia da Kellogg's)? Talvez eles não soubessem que bastava adicionar leite e, por isso, experimentaram os flocos de milho com todo tipo de receitas. Hoje, existem centenas de receitas assim; o cereal dá uma textura mais crocante que o pão. Tome isso como um exemplo e experimente você mesmo. Que tal frango à *parmegiana* com flocos de milho?

FILÉ DE FRANGO CITRUS

2 laranjas
1 limão-taiti
1 limão-siciliano
1 saco plástico grande, com
fecho hermético do tipo *zip*
sal
pimenta-do-reino moída
na hora
azeite de oliva
2 metades de peito de frango,
cada uma cortada em dois
no sentido do comprimento,
totalizando 4 pedaços

Peito de frango desossado e sem pele até que é conveniente — e totalmente sem graça. Mas com esta marinada fácil, tudo mudará. Você pode servir puro, num sanduíche, cortado em tiras e misturado ao molho de tomate do macarrão penne, ou na salada. Basicamente, você deve marinar o frango por pelo menos algumas horas; mas, mesmo se banhada por uma hora em laranja, limão-azedo e limão-siciliano, esta proteína ganhará requinte. A esposa de Hugh, Aimee, que merece o crédito por esta receita, tem por hábito marinar um frango pela manhã, de forma que, na hora do jantar, este prato vira quase uma refeição instantânea. Rendimento: 4 porções.

Esprema todos os cítricos no interior do saco plástico e acrescente uma boa quantidade de sal e um pouco de pimenta. Adicione algumas colheres de azeite de oliva e o frango. Deixe marinar ao menos por 6 horas, ou por uma noite.

Preaqueça a grelha, ou frigideira, sobre fogo médio-alto. Grelhe o frango de ambos os lados até cozinhar (cerca de 5 minutos cada lado).

Sal quer dizer doce?

Isso mesmo. O sal faz que a comida tenha bom sabor, em parte porque seu amargor eleva o sabor inerentemente doce de todos os alimentos, do frango aos legumes.

FRANGO MARROQUINO **COM DAMASCOS, ALCAPARRAS & AZEITONAS**

- 4 metades de peito de frango desossado
- 2 dentes de alho amassados
- 1 colher de chá de orégano esmagado
- ½ xícara de vinagre de vinho tinto
- ½ xícara de azeite de oliva
- ½ xícara de ameixas secas sem caroço cortadas em quatro
- ½ xícara de damascos secos cortados ao meio
- ½ xícara de azeitonas-verdes sem caroço
- ½ xícara de alcaparras
- ½ limão-siciliano em conserva picado
- 2 folhas de louro
- ½ xícara de açúcar mascavo
- ½ xícara de vinho branco

Este prato fica melhor se passar uma noite marinando; portanto, o ideal seria que você o preparasse no domingo à tarde para comê-lo na segunda à noite. Você prepara tudo com antecedência, e isso já garante um grande e fácil começo de semana. Dito isso, esta receita é uma maneira muito gostosa de incentivar suas Gastrokids a gostar de alho, azeitonas, ameixas, damascos, tudo numa única refeição — nós acrescentamos até mesmo uma boa quantidade de alcaparras em conserva. Dylan, o filho de Matthew, rouba as azeitonas de todos durante as refeições; por isso, cuidado ao convidá-lo para o jantar! Sirva com cuscuz marroquino. Rendimento: 4 porções.

Coloque o frango e os demais ingredientes, exceto o açúcar mascavo e o vinho branco, em um recipiente raso e largo. Cubra, ponha na geladeira e... vá dormir.

No dia seguinte, aqueça o forno a 220 °C. Polvilhe a mistura de frango com o açúcar e adicione o vinho branco. Transfira para uma assadeira grande e leve ao forno por 40 minutos, ou até assar por completo.

Limões-sicilianos duradouros (graças ao sal, nosso conservante)

Conserva de limão-siciliano é um ícone da culinária marroquina. Sempre temos um pote pronto para usar quando necessário. Para prepará-la, basta cortar 12 limões-sicilianos ao meio, fazer mais 2 cortes profundos em cada metade (como se fosse cortá-los em quatro) e acrescentar 1 colher de sopa de sal para cada limão utilizado. Coloque todos os limões num pote de vidro com tampa hermética (o vidro deve ser esterilizado previamente, com água fervente) e adicione o suco de mais 3 limões, de modo que os 12 limões já acondicionados fiquem completamente submersos. Tampe e deixe na geladeira por uma semana, até que estejam prontos para usar. O sal amacia a casca e permite a fermentação da fruta, tirando a acidez cortante, mas preservando um sabor acentuado. Uma pequena quantidade normalmente é suficiente para a maioria dos pratos. Pique os limões em pedacinhos pequenos e os adicione a carnes gordurosas e pratos de peixe, para contrastar e realçar os sabores.

TIRINHAS DE FRANGO EM PARMESÃO

O peito de frango sem pele e sem osso é algo nada inspirador, mas resplandece onipresente nos balcões de pré-preparados do supermercado. É uma dádiva poder comprar frango orgânico e caipira, mas não se deve cozinhá-lo demais. (E quem vai lhe culpar de prepará-lo assim, se essa é a carne mais magra da face da Terra?). Então, aqui está uma forma de dar ao filé de frango sem pele e sem osso mais gordura e sabor, e, ousamos dizer, torná-lo uma delícia. **Rendimento: 4 porções.**

- 1 peito de frango (dito de outra forma: 2 metades do peito de 1 frango) sem pele e sem osso
- 1 xícara de queijo parmesão ralado
- 1 xícara de farinha de rosca
- ¼ xícara de salsinha fresca picada
-    sal
- 1 colher de sobremesa de pimenta-do-reino moída na hora (para um toque picante)
- 1 ovo grande
- 2 colheres de sopa de manteiga
- 2 colheres de sopa de azeite de oliva

Corte cada metade do peito em dois filés finos (ou peça para o açougueiro fazer isso para você). Junte numa tigela o parmesão, a farinha de rosca, a salsinha, o sal e a pimenta. Misture tudo e espalhe num prato. Em outra tigela, bata os ovos.

Em uma frigideira grande, sobre fogo médio-alto, derreta a manteiga e o azeite. Quando a manteiga começar a espumar e o óleo fumegar, inicie a fritura dos filés: um a um, mergulhe-os no ovo, banhando-os dos dois lados. Então passe-os na mistura de farinha de rosca e parmesão. Cuidadosamente, coloque os filés na frigideira e frite-os por alguns minutos de cada lado, até dourar e cozinhar por inteiro. Cuidado para não encher a frigideira de uma só vez; se necessário, prepare-os em porções menores.

!

Irmãos Parmesão

Os italianos de Parma e da Sicília reivindicam a autoria deste modo de preparo. Nossa opinião é que sejam fraternos e compartilhem o amor aos pratos à *parmegiana*.

FALSO **PASTOR**[1]

- 2 colheres de sopa de azeite de oliva
- 2 xícaras de sobras de frango picadas
- pimenta *chilli* em pó
- *pimentón de la vera* (páprica defumada)
- cominho em pó
- sal
- pimenta-do-reino moída na hora
- tortilhas de milho[2] aquecidas
- coentro fresco picado
- cebola
- salsa[3] mexicana
- fatias de limão

O *taco* é a maneira favorita de usar as sobras em nossa casa: a mínima sobra de proteína da noite anterior (peixe, frango, porco, carne bovina) pode ser picada, despretensiosamente temperada à moda mexicana e servida em seguida com coentro fresco picado, cebola-roxa, salsa mexicana e um toque de limão. O truque é picar a carne em pedaços bem pequenos, temperar bastante e depois fritar em fogo alto, com muito azeite de oliva, para aprimorar o sabor e deixá-la crocante. Ou seja, fica um sucesso! Rendimento: 4 porções.

Aqueça o azeite de oliva numa frigideira grande e pesada até fumegar. Acrescente o frango e os temperos. Cozinhe, mexendo de vez em quando, até o frango ficar crocante. Sirva sobre tortilhas de milho aquecidas, com coentro fresco picado, cebola, salsa mexicana e gotas de limão.

---

[1] Versão "falsificada" do tradicional prato mexicano "Tacos Al Pastor", feito de carne suína assada como o churrasco turco *shawarma* (fatias de carne empilhadas em um assador com espeto giratório). (NT)

[2] Espécie de pães mexicanos achatados. Podem ser substituídos por tortilhas de trigo, pão *wrap*, ou pão-folha. (NT)

[3] Molho estilo vinagrete, com pimenta-vermelha, tomate, cebola, azeite, tempero verde e um toque de polpa de tomate. (NT)

Falso pastor

FRANGO E COENTRO **COM BATATAS PICANTES**

Matthew e sua família tinham acabado de chegar do mercado num domingo de manhã, durante as férias em Pollensa, Mallorca (Espanha). Eles haviam comprado uns pimentões-vermelhos fantásticos e um maço de coentro perfumado, entre outros produtos frescos excelentes. Enquanto o restante da família bebia café com leite ou tomava o primeiro sorvete do dia (afinal, estavam em férias), Matthew encontrou, na praça da cidade, alguns peitos de frango frescos que fariam bonito num festivo banquete de domingo, com direito a *siesta* após o almoço. De volta à vila em que se hospedava com a família, ele parecia um velho cozinheiro espanhol, fatiando as batatas com uma faca afiada e recorrendo ao limoeiro do vizinho para complementar sua marinada. Este prato também serve para quando você não estiver de férias (mas talvez seja preciso ir a uma mercearia comprar limão). Sirva com as batatas e uma salada. Rendimento: 4 porções.

- 6 metades de peito de frango com pele
- 6 dentes de alho em fatias finas
- suco de um limão-siciliano
- azeite de oliva
- 6 batatas grandes descascadas e fatiadas (espessura de 0,5 cm)
- sal
- 1 cebola grande cortada em cubos
- 2 pimentões-vermelhos sem sementes e cortados em tiras
- *pimentón de la vera* (páprica defumada)
- pimenta-do-reino moída na hora
- ¼ garrafa de vinho branco (nós usamos um bom branco, seco, frisante)
- coentro fresco

Em uma tigela, misture o frango com o alho, o suco de limão e um pouco de azeite. Deixe marinando na geladeira por 1 hora.

Em uma frigideira grande, aqueça uma boa quantidade de azeite de oliva (ao menos 2 colheres de sopa) em fogo médio. Quando estiver bem quente, adicione as batatas, salpique-as com sal e vire-as com o auxílio de uma colher de pau para envolvê-las completamente no azeite. Cozinhe em fogo médio-alto por 5 minutos, virando-as uma ou duas vezes. Em seguida, adicione a cebola e o pimentão à mistura e diminua o fogo. Continue a mexer com uma colher de pau, para que as batatas cozinhem sem queimar. Acrescente uma generosa pitada de *pimentón de la vera* e outra de pimenta-do-reino. Salteie as batatas, a cebola e as pimentas até que cozinhem por inteiro e fiquem levemente caramelizadas (aproximadamente 25 minutos). Isso pode ser preparado antes do frango e reaquecido na hora de servir.

Agora, o frango: aqueça uma frigideira grande, em fogo médio-alto, com um fio de azeite, quase até fumegar. Tire o frango da marinada (reserve-a). Coloque o peito de frango na frigideira deixando a pele para baixo: ela será cozida até que doure (5 minutos ou mais). Tempere com sal e pimenta. Adicione a marinada restante e junte o vinho branco. Baixe o fogo para o nível médio. Cozinhe até que o frango esteja no ponto e espalhe o coentro fresco por cima.

FRANGO AGRIDOCE POR ACASO

Na cozinha italiana, o equilíbrio entre o doce e o ácido (agridoce) é considerado uma arte. Trata-se de um conceito da culinária universal, presente tanto no recurso de apurar o apelo adocicado de um molho *barbecue*, como em pratos agridoces da cozinha chinesa, adaptada grosseiramente em sua expansão mundial. A esposa de Matthew criou sua própria e tímida versão (perfeitamente adequada ao paladar "mimado" da minha filha pequena) completamente por acaso, quando, atormentada pelo efeito do fuso-horário de um longo voo internacional, começou a preparar nossa tradicional e favorita receita de marinar o peito de frango antes de prepará-lo na frigideira, ou seja, um frango curtido por uma hora em azeite, alho e suco de limão fresco. Tudo ia bem até que ela foi procurar o limão para a marinada e... não havia limão em casa (falha do Matthew, que era o encarregado das compras enquanto ela viajava). Confusa, ela recorreu ao tempero mais óbvio para acompanhar azeite de oliva: o vinagre balsâmico. O resultado após 15 minutos de frigideira? Peitos de frango totalmente dourados, suculentos, azedinhos e, sobretudo, ligeiramente adocicados. Imprevistos são comuns na cozinha. Esperamos que todos eles sejam tão deliciosos como este. **Rendimento: 4 porções.**

- 4 metades de peito de frango desossado
- ¼ xícara de azeite de oliva
- 2 colheres de sopa de vinagre balsâmico
- vários dentes de alho amassados
- sal
- pimenta-do-reino moída na hora

Deixe o frango marinando por 1 hora na geladeira na mistura de azeite, vinagre balsâmico, alho, sal e pimenta. Aqueça uma colher de sopa adicional de azeite numa frigideira grande, em fogo médio-alto. Refogue os peitos de frango até dourar e cozinhar por completo (cerca de 7 minutos de cada lado).

Almoço suculento

Você está cansado da carne insossa e seca do peito de frango? Primeiro passo: compre frango com pele, que mantém a gordura e dá sabor. Então, tente "um suco extra", um novo e surpreendente ingrediente que pode dar vida e umidade à carne mais sem graça. Acrescentar algumas doses de caldo, vinho branco ou água enquanto os peitos de frango estão na frigideira faz que a carne delicada cozinhe lentamente no vapor. Certifique-se de dourar a carne antes de adicionar o líquido: fazendo assim, você não só acrescentará sabor à carne propriamente dita, como também aos pedacinhos que ficam tostados no fundo da frigideira. Um líquido "raspa" a frigideira, fazendo que esses pedaços tostadinhos forneçam mais sabor ao frango, além de resultarem em um molho rápido. Cuide de reduzir o fogo ao nível mínimo assim que os pedacinhos soltarem do fundo da frigideira, para que o molho cozinhe a carne suavemente.

Em nossa casa, as crianças são fascinadas por peixe, até mesmo pelos detalhes, como espinha e escama. Seja tocando um polvo (eles adoram a textura), comendo manjubinhas fritas inteiras — com olhos, espinha e tudo — ou catando a carne da cabeça de um pargo-vermelho, nossos pequenos parecem não se importar com a relação entre comida e criatura. Muito diferente do que acontecia na nossa infância, quando os peixes eram sempre insossos, envoltos em sacos plásticos e servidos com um estranho molho branco. Esperamos que esse novo conhecimento sobre a origem dos alimentos faça nossas Gastrokids reconhecerem quão saboroso é um peixe e saibam o que precisarão fazer no futuro para comprar e comer de forma sustentável.

PEIXE **TODO-PODEROSO**

Se há uma técnica para peixes que os Gastropais devem dominar só pode ser esta: como saltear um peixe. É rápido, superconveniente e supersaudável (caso escolha o peixe certo). E não é difícil, desde que você prepare do jeito certo e esteja plenamente consciente do que faz (coisa difícil para pais com sono atrasado). Servimos isso com o que tiver por perto. Neste exemplo, nós usamos macarrão integral ao *pesto* e rúcula *baby* com suco de limão, azeite de oliva e um pouco de sal e pimenta. Rendimento: 4 porções.

- 2 colheres de sopa de óleo de canola
- 2 filés de bacalhau, robalo ou outro peixe de carne branca e firme, com a pele
  sal
  pimenta-do-reino moída na hora

Preaqueça o forno a 180 ºC.

Numa frigideira grande (que possa ir ao forno), em fogo médio-alto, aqueça o óleo de canola até ficar bem quente. Mexa a panela para distribuir uniformemente o óleo. Deve levar uns 5 minutos para chegar ao ponto que queremos. Use um papel-toalha para secar bem os filés e, então, tempere-os dos dois lados com sal e pimenta. Ponha-os com cuidado na frigideira, com o lado da pele para baixo, e deixe-os cozinhar por aproximadamente 5 minutos, sem sequer tocá-los.

Uma vez que a pele esteja crocante e o peixe pareça cozido pela metade, leve a frigideira ao forno e deixe assar por mais 5 minutos, até que a parte de cima do peixe cozinhe e sua carne se desprenda em gomos; a cor não deve parecer translúcida por dentro.

Dica de segurança que não deve ser ignorada: coloque um pegador de panela na alça da porta do forno para evitar que você pegue o cabo quente da frigideira. E, de volta sobre o fogão, certifique-se de deixar o cabo da frigideira virado para o lado de dentro, com o pegador de panela sobre ele, pois ainda permanecerá quente.

Peixe todo-poderoso

BRANZINO[1] INSPIRADO EM BUFFORD E BABBO: **UM PRATO PARA QUATRO**

azeite de oliva
1 cebola cortada em rodelas tão finas quanto possível
1 bulbo de erva-doce em rodelas tão finas quanto possível (separe e reserve as folhas)
2 dentes de alho
sal
pimenta-do-reino moída na hora
2 branzinos inteiros, sem escamas nem vísceras
½ limão cortado em fatias finas

Em *Heat*, um ótimo livro sobre a culinária do restaurante Babbo, do chef Mario Batali, Bill Buford escreve eloquentemente sobre os desafios de cozinhar um peixe inteiro na grelha durante a correria de uma cozinha profissional: a pressão do tempo, os colegas mal-humorados, os clientes exigentes. Lembra bem um jantar de semana em família. Este prato com um peixe inteiro é inspirado nessa cena de jantar apressado. Embora não esteja exatamente no nível da versão do Babbo, fica bem parecido. E não é só saboroso, mas incrivelmente simples e divertido de servir à mesa. Aqui vai uma etapa essencial que não pode ser descartada: certifique-se de retirar todas as espinhas quando oferecê-lo às crianças. Sirva com pão e aspargos grelhados, assim a maior parte da preparação pode ocorrer ao ar livre. Rendimento: 4 porções.

Aqueça a grelha em temperatura média.

Em uma frigideira sobre fogo médio, despeje um pouco de azeite. Acrescente a cebola, a erva-doce e os dentes de alho e cozinhe até ficarem macios, mexendo sempre (cerca de 8 minutos). Tempere com sal e pimenta.

Recheie o peixe com a mistura de cebola, erva-doce, algumas fatias de limão e folhas de erva-doce. Pincele com azeite e tempere com sal e pimenta. Grelhe por aproximadamente 8 minutos de cada lado. O truque para virar o peixe sem quebrá-lo é rolar para o outro lado da nadadeira dorsal (na parte superior). Isso mantém o peixe inteiro e o recheio não escapa. Para retirar o peixe da grelha, quando estiver cozido, a dica é usar uma espátula tão longa quanto o peixe (compre numa loja de utensílios para restaurante ou em outra de artigos de cozinha) ou usando duas espátulas ao mesmo tempo.

!

Santo peixe inteiro

Assar um peixe inteiro no forno é mais fácil do que na grelha. Veja a versão para forno da receita acima: preaqueça o forno a 200 °C. Prepare o peixe do mesmo jeito. Coloque um peixe (ou os dois!) numa assadeira untada e asse por 15 minutos, ou até cozinhar por inteiro.

---

[1] Peixe comum na Europa. Em Portugal, é chamado de robalo, mas se trata de um peixe diferente do robalo brasileiro. A alternativa pode ser anchova, pescada-amarela ou tainha. (NT)

ESCONDIDINHO DE PEIXE DEFUMADO

O escondidinho de peixe é perfeito para uma refeição familiar de "boas-vindas ao inverno". Esta receita foi cedida pela mãe do Matthew. Ela a chama de "escondidinho de peixe extraordinariamente bom", e isso já vale o preço. **Rendimento: 4 porções.**

- 500 g de batatas médias lavadas, descascadas e cortadas em quatro
- 350 g de hadoque (ou outro peixe branco) defumado
- 350 g de filé de salmão
- 1 litro de leite (e mais um pouco para o purê)
- 60 g de manteiga (e mais um pouco para o purê)
- ¼ xícara de farinha de trigo
- 180 g de cogumelos
- suco de meio limão
- ½ xícara de ervilhas congeladas
- sal
- pimenta-do-reino moída na hora
- 120 g de queijo gruyère, ou cheddar de massa firme, ralado

Preaqueça o forno a 220 °C.

Encha uma panela grande com água suficiente para cobrir as batatas e deixe-as ferver até ficarem macias ao toque do garfo (aproximadamente 20 minutos).

Enquanto isso, em uma frigideira grande, misture o peixe com o leite, leve para ferver, e cozinhe por uns 10 minutos, até que o peixe se solte em lascas. Coe e reserve o leite. Tire a pele do peixe e separe-o em lascas; retire todas as espinhas.

Enxágue a panela, coloque a manteiga e deixe-a derreter em fogo médio. Acrescente a farinha, cozinhe por 1 minuto e misture o leite reservado, mexendo bem. Junte os cogumelos e deixe cozinhar por 3 minutos. Adicione o suco de limão, a ervilha e as lascas de peixe. Prove a mistura e adicione sal e pimenta, se necessário (isso não depende da idade de quem vai comer). Despeje a mistura de peixe num refratário untado.

Escorra as batatas e amasse-as, juntando cerca de 2 colheres de sopa de leite, 3 nacos de manteiga, ¾ do queijo, sal e pimenta. O purê deve ficar bem mole, mas sem escorrer. Espalhe uma camada de purê de batatas sobre a mistura de peixe e cubra com o restante do queijo. Leve ao forno e cozinhe por 30 minutos, até ficar bem dourado por cima.

Deixe que esfrie um pouco antes de servir aos pequenos. Então, sente-se e assista com satisfação aos seus filhos devorando o escondidinho de peixe como se estivessem vivendo o apocalipse, usando talheres, as próprias mãos ou seja lá o que for mais rápido para levar a comida à boca.

"**Nosso modo favorito de comer vieiras** é selando-as em qualquer panela bem quente, e servindo-as sobre um purê de couve-flor, cobertas com **manteiga de bacon**. Espinafre refogado é um bom acompanhamento."

VIEIRAS SELADAS

Vieiras são um dos mais ricos e convenientes alimentos do milênio (em conteúdo e preço). Além de proteína pura, são carnudas e podem ser seladas bem rápido, o que significa um jantar especial em casa, quase instantâneo e com uma sensação de requinte. Nosso modo favorito de preparar e comer essas delícias é selando-as em qualquer panela bem quente e servindo-as sobre um purê de couve-flor, cobertas com manteiga de bacon. Um simples espinafre refogado é um belo acompanhamento. A única desvantagem desta receita é o alto custo das vieiras: se as crianças apreciarem este prato, isso pode se tornar um hábito familiar caro.

Rendimento: 4 porções.

120 g de manteiga amolecida (e mais um pouco para selar as vieiras)

4 fatias de bacon fritas e picadas (um bom uso para sobras)

folhas de um ramo de tomilho fresco

um pouco de vinagre de vinho tinto

sal

pimenta-do-reino moída na hora

12 vieiras grandes

Prepare primeiro a manteiga de bacon: misture numa tigela a manteiga, o bacon, as folhas de tomilho, o vinagre, o sal e a pimenta. Reserve.

Aqueça um pouco de manteiga em uma frigideira grande, em fogo alto, até dissipar a espuma que se forma. Adicione as vieiras e deixe-as cozinhar até dourar (aproximadamente 2 minutos de cada lado); tome cuidado para não passar do ponto (o ideal é um tom levemente opaco, e não branco por inteiro). Cubra com a manteiga de bacon enquanto ainda estiver quente, e sirva.

SALMÃO SELADO AO MOLHO DE **SHOYU, MEL E LIMÃO**

O segredo desta receita é o sabor doce e ao mesmo tempo salgado do molho feito com *shoyu*, mel e limão (esse molho faz um mero acompanhamento, como repolho ao vapor, parecer atraente às crianças). Sirva com o aromático arroz tipo jasmim. **Rendimento: 4 porções.**

- ½ xícara de *mirin* (vinho de arroz culinário)
- 1 colher de sopa de gengibre fresco, descascado e bem picado
- ¼ xícara de vinagre de arroz
- 4 colheres de sopa de *shoyu*
- 4 filés de salmão (180 g cada)
- ¼ xícara de mel
- 1 colher de sopa de suco fresco de limão

Preaqueça a grelha.

Em uma tigela, misture o *mirin*, o gengibre, o vinagre e 2 colheres de sopa de *shoyu*. Distribua o salmão num refratário e regue-o com a marinada, esfregando para cobrir bem os filés. Deixe marinar por 15 minutos em temperatura ambiente.

Enquanto isso, coloque numa panela pequena as outras 2 colheres de sopa de shoyu, o mel e o suco de limão e ponha para ferver, mexendo até engrossar (aproximadamente 4 minutos). Lembre que o molho engrossará um pouco mais após removido do fogo. Em seguida, grelhe o salmão por 6 a 8 minutos, dependendo da espessura do filé (comece com a parte da pele voltada para a fonte de calor e vire do outro lado na metade do processo de cocção). Se preferir, o salmão também pode ser feito na frigideira, com o mesmo tempo de cozimento; para isso, você deve untar levemente com óleo a superfície onde será colocado o peixe. Preferimos o salmão malpassado no centro, e damos às crianças as extremidades mais bem passadas do filé. Regue o peixe com o molho feito com *shoyu*, mel e limão e sirva.

Mirin, oh *mirin*

Base de muitas marinadas e molhos japoneses (o molho *teriyaki* é apenas um deles), o *mirin* é um tipo de saquê – vinho doce de arroz. Quando se tornou popular, há uns quatrocentos anos, servia apenas como bebida. Com o tempo, ficou mais espesso e doce e migrou do copo à panela.

BOLINHOS DE PEIXE RÁPIDOS

Esta receita foi inspirada em restos de peixe cozido (mais uma razão para fazer um peixe inteiro grelhado/assado; ver página 84). Se você não tiver sobras de peixe, sele rapidamente um peixe-branco em azeite. Este prato é bem britânico e também uma gostosa lição de economia. Sirva com uma salada enorme. Rendimento: 4 porções.

2 xícaras de peixe-branco desfiado (sobras são perfeitas)
2 xícaras de pão francês esmigalhado
¼ xícara de salsinha fresca picadinha
¼ xícara de cebolinha picada
1 dente de alho bem picado
sal
pimenta-do-reino moída na hora
1 ovo grande batido
azeite de oliva, para fritar

Misture todos os ingredientes, exceto o azeite, em uma tigela até formar uma massa homogênea. Forme bolinhos achatados, com 5 cm de diâmetro. Aqueça algumas colheres de azeite numa frigideira, em fogo médio-alto. Frite os bolinhos de peixe até que fiquem dourados e cozidos (alguns minutos de cada lado).

Experimente isto
Você pode substituir o pão por sobras de purê de batata. Em seguida, passe os bolinhos em farinha de rosca, formando uma cobertura fina. O resultado é uma versão mais consistente do mesmo prato.

SALTIMBOCCA DE SALMÃO

Uma noite nos vimos encurralados, sem nada além de alguns pedaços congelados de salmão do Alasca (que muitos dizem não estar em extinção e ter o mínimo de mercúrio). Porém, salmão fora de época e descongelado sempre precisa de um atrativo extra. Tínhamos um pouco de presunto cru e um pouco de sálvia, então veio a ideia: *saltimbocca*, que normalmente é feita com escalopes de vitela. Funcionou perfeitamente: o sabor marcante do salmão combinou-se aos sabores fortes da sálvia e do presunto (que cumpriram bem o papel de mascarar sutilmente o gosto característico de peixe descongelado). Outro aspecto maravilhoso deste prato é que ele praticamente não requer preparo prévio, exceto enrolar o salmão com a sálvia num pedaço de presunto — uma tarefa que as crianças podem fazer, já que não precisa de faca. **Rendimento: 4 porções.**

- 4 folhas de sálvia fresca
- 4 pedaços de filé de salmão (5 cm de largura cada um)
- 4 fatias de presunto cru
- 1 colher de sopa de óleo de canola

Coloque uma folha de sálvia sobre cada pedaço de salmão e envolva o último com um pedaço de presunto. Aqueça o óleo numa frigideira grande, em fogo médio. Deixe o salmão por uns 5 minutos de cada lado, até cozinhar por completo.

Glossário Gastrokid: *saltimbocca*
O termo italiano *saltimbocca* significa "salta na boca" (ou seja, é tão bom que pula para dentro de sua boca!). Ninguém pode afirmar que os italianos são tímidos em relação à sua culinária!

"Nosso **lanche preferido, feito com sardinha, em três minutos**, é uma boa maneira de introduzir **proteína e ômega-3** na dieta da sua Gastrokid."

MOSTARDA & SARDINHAS

Aqui vai um preparo quase instantâneo de sardinhas, que não apenas são melhores — para o meio ambiente e para você — do que o atum (elas têm pouco mercúrio e não estão em extinção), como têm sabor mais leve do que prega sua fama, especialmente a variedade portuguesa. Nosso lanche preferido, feito com sardinha, em três minutos, é uma boa maneira de introduzir proteína e ômega-3 na dieta dos seus filhos. Sirva com torradas de pão italiano. Rendimento: 4 porções.

2 latas de
sardinhas-portuguesas em
azeite de oliva
mostarda dijon
salsa fresca picada

Escorra as sardinhas. Ponha-as no prato e sirva como acompanhamento algumas colheradas de mostarda dijon. Salpique salsinha por cima de tudo.

CAMARÃO & **CHOURIÇO SEM PAELLA**

Com desejo de comer *paella* (e, infelizmente, sem arroz no armário), Matthew se lembrou desta ótima receita que ele e sua esposa, Jowa, costumavam pedir num restaurante sino-latino de Nova York, chamado La Nueva Rampa. Era chouriço com grão-de-bico, acompanhado de arroz. Aqui está uma releitura deste prato, com a inclusão de alguns camarões para incrementar. Ele possui todos os ingredientes essenciais de uma *paella*, e o preparo é bem parecido; você pode pular a parte do arroz, uma vez que o grão-de-bico já faz a função de amido no prato. Sirva com uma salada simples.
Rendimento: 4 porções.

- 2 chouriços espanhóis, um tanto apimentados, picados em cubos (podem ser substituídos por um chouriço mineiro ou outra linguiça seca e defumada) azeite de oliva
- 1 cebola grande
- 4 dentes de alho picados
- 1 lata (400 g) de tomate pelado escorrido e cortado em cubos
- ½ colher de chá de *pimentón de la vera* (ou páprica defumada)
- 1 lata (400 g) de grão-de-bico escorrido
- 1 xícara de água
- 1 kg de camarão médio, limpo e sem casca
- ½ xícara de coentro fresco picado

Em uma frigideira grande sobre fogo médio, refogue o chouriço com uma colher de azeite, mexendo sempre, por 5 minutos. Reserve o chouriço. Em seguida, adicione a cebola e o alho à gordura restante do chouriço e refogue, mexendo sempre, por 1 ou 2 minutos. Acrescente os tomates, a páprica e cozinhe mais, mexendo sempre. Quando a cebola amolecer, após 3 a 5 minutos, junte ao refogado o grão-de-bico e a água. Devolva o chouriço à frigideira e cozinhe por 5 minutos. Acrescente os camarões e cozinhe até ficarem rosados. A essa altura, o molho terá reduzido, envolvendo por completo o camarão e o chouriço. Decore com o coentro fresco.

!

Bônus: *surf & turf*[1] para crianças

Os paladares infantis adoram camarão e presunto cru. Crie um prato perfeito e super-rápido, *surf & turf*, envolvendo camarões grandes em tiras de presunto cru e grelhe (ou refogue), finalizando com algumas gotas de suco de limão.

---

[1] *Surf & turf* é o nome que os norte-americanos dão aos pratos compostos por algo do mar e algo da terra, geralmente camarão com um tipo de carne. (NT)

VÔNGOLES **COM *GUANCIALE***

É fácil pensar nos mariscos como molho rápido, proteína e acompanhamento, tudo de uma só vez, já que os vôngoles frescos têm mais valor por seu saboroso caldo do que pela pouca carne em cada concha. Basta apenas um pouco de vapor e alguns ingredientes para transformá-los num acompanhamento ideal para massas, arroz, pão, cuscuz, polenta ou pão italiano. Nós, particularmente, amamos servi-lo num pão italiano esfregado em alho e regado com um fio de azeite de oliva. Aí está nossa receita preferida. Você ficará abismado como uma carne de porco curada serve de acompanhamento perfeito para esses mariscos: um produto suculento do mar (*surf*) com outro, salgado, da terra (*turf*). Rendimento: 4 porções.

azeite de oliva
¼ xícara de *guanciale*, presunto cru ou *pancetta*
2 dentes de alho picados
32 vôngoles, aproximadamente (6 a 8 por pessoa), limpos
1 xícara de vinho branco
¼ xícara de salsinha picada, e mais um pouco para decorar

Em uma panela grande com tampa, aqueça o azeite em fogo médio-alto. Adicione o *guanciale* e o alho e cozinhe, mexendo sempre, por 1 ou 2 minutos, ou até liberar os aromas do alho. Acrescente os vôngoles, o vinho e a salsinha e cubra com a tampa. Deixe no vapor até as conchas se abrirem, por aproximadamente 10 minutos (descarte as conchas que não abrirem). Salpique com a salsinha adicional e sirva com uma das opções de amido citadas anteriormente.

Glossário Gastrokid: *guanciale*

Guanciale (literalmente "bochechas de porco curadas") é um produto da região do Lázio considerado o rei das iguarias italianas feitas com carne de porco curada (é o que dirão os nativos, caso lhes perguntem). Mas seus filhos não precisam saber disso, e você pode ficar à vontade para usar *pancetta* ou presunto cru, o que for mais acessível. Todas as carnes de porco curadas ajudam a elevar o sabor dos pratos com massa. Como diria o guru da alquimia culinária, Harold McGee: "Em suma, o sabor do presunto curado a seco é surpreendentemente complexo e sugestivo." E nós concordamos plenamente.

POLVO *BABY* GRELHADO

- 3 colheres de sopa de azeite
- 2 colheres de sopa de suco de limão espremido na hora
  vários dentes de alho picados
  um punhado de salsinha fresca picada
  sal
  pimenta-do-reino moída na hora
- 4 xícaras, aproximadamente, de tentáculos de polvo *baby* (descarte as cabeças, onde estão a tinta e as entranhas)

No litoral do Mediterrâneo, o polvo (*baby* ou não) é amado pelas crianças, que não são tão aterrorizadas por essa criatura como seriam por, digamos, um frango. Por quê? Porque seus pais são culturalmente indiferentes ao polvo, da mesma forma que somos, por exemplo, ao camarão. Qualquer aversão que seus filhos possam ter com relação ao polvo só pode ter sido influenciada por você mesmo. Quanto a isso, afirmamos: se você não teve a sorte de comer polvo no litoral da Grécia ou da Itália, agora é a hora de adotar uma postura mediterrânea em casa e fazer do polvo uma constante em sua cozinha. Sirva-o apenas com batatas cozidas ou misture-o ao macarrão. Rendimento: 4 porções.

Em uma tigela grande, misture azeite, suco de limão, alho, salsinha, sal e pimenta. Junte o polvo à mistura e deixe marinar por 20 minutos, aproximadamente. Enquanto isso, aqueça a grelha em alta temperatura. Grelhe o polvo por alguns minutos, até cozinhar por inteiro.

POLVO EXTRA

O melhor polvo que já comemos foi num pequeno restaurante localizado no mercado municipal de um vilarejo português. Eles grelharam os tentáculos e os serviram apenas com batatas cozidas regadas em azeite de oliva... Ops, estamos fugindo do assunto... Quer cozinhar polvos supergostosos? (Aqueles grandes, não os *babies*.) Ferva-os lentamente em água até a carne ficar macia (testamos o cozimento como se fosse batata). Mas, ao contrário de uma batata, será preciso cozinhar por até uma hora. Depois, você pode fritar ou grelhar esse monstro das profundezas do oceano para dar-lhe o verdadeiro sabor. O jantar com polvo preferido da família de Hugh é simples: ferva um polvo inteiro em água bem salgada por 1 hora e 15 minutos, regue com azeite de oliva, polvilhe *pimentón de la vera* (páprica defumada) e sal marinho. Para acompanhar, corte batatas em rodelas grossas e cozinhe-as na água do cozimento do polvo. Salsinha fresca deixa o prato mais bonito.

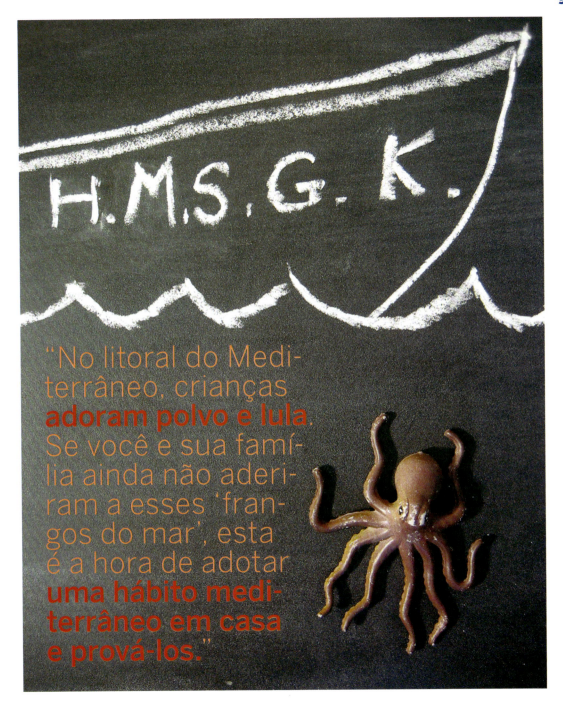

"No litoral do Mediterrâneo, crianças **adoram polvo e lula**. Se você e sua família ainda não aderiram a esses 'frangos do mar', esta é a hora de adotar **uma hábito mediterrâneo em casa e prová-los.**"

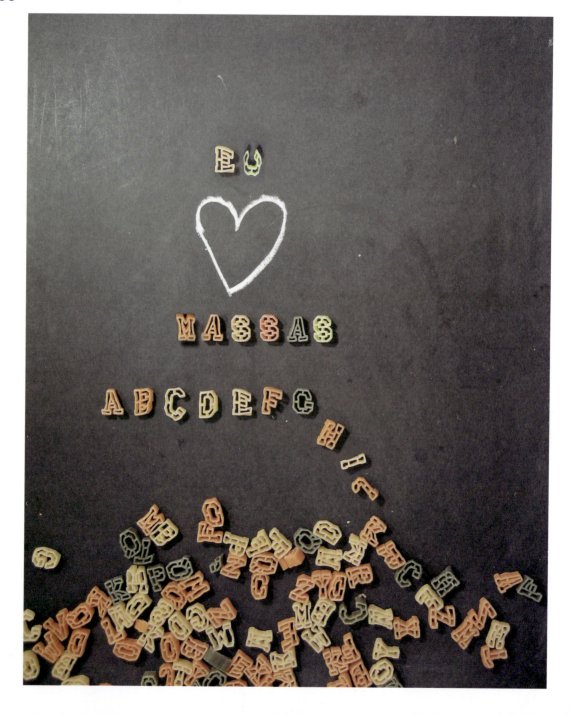

MASSAS & GRÃOS

Massas realmente não precisam de apresentação. Quando se trata de macarrão, as crianças não são chatas (exceto as que são, é claro!). Mas, se elas devoram um macarrão puro com montanhas de parmesão, vocês, queridos pais, podem usar algum "enfeite". As receitas a seguir são tanto para você quanto para suas Gastrokids.

BACON DE JAVALI **À MATRICIANA**

Num daqueles belos momentos em que se descobre por acaso o que resta na geladeira, Matthew deparou-se com algumas sobras de bacon de javali que havia comprado na feira, no começo da semana. O bacon já havia casado bem com ovos, mas ele percebeu que poderia servir para um propósito melhor: *penne alla matriciana cinghiale*.

Fuçando na geladeira, ele encontrou também alguns pimentões e uns cogumelos perdidos (você sabe, aqueles que ficaram para trás, abandonados em algum canto escondido da geladeira). Assim, já dava para começar a cozinhar. Se você é uma das milhões de pessoas sem acesso fácil a fatias de bacon de javali, pode substituir sem medo por *pancetta* ou bacon comum de supermercado e, ao final, você terá um prato igualmente maravilhoso. Rendimento: 4 porções.

bacon de javali (ou *pancetta*) cortado em tirinhas
½ cebola picada em cubos
1 pimentão-vermelho picado em cubos
3 dentes de alho picados em cubos
azeite de oliva
½ xícara de champignons frescos cortados em fatias finas
1 lata (400 g) de molho de tomate (a menos que você queira preparar um molho fresco, e, obviamente, tenha muito mais tempo do que a gente)
¼ xícara de vinho tinto (reserve outro quarto para você, como um presente para o chef)
flocos de pimenta-calabresa
500 g de macarrão tipo *penne*
um punhado de rúcula/ agrião
queijo parmesão fresco ralado

Numa frigideira grande, em fogo médio, frite o bacon em sua própria gordura até ficar crocante. Reserve-o sobre papel-toalha para secar bem, mas mantenha a gordura da frigideira.

Acrescente a cebola, a pimenta, o alho e, se necessário, um fio de azeite à frigideira e refogue, mexendo bem, até ficarem macios (3 a 5 minutos). Adicione os cogumelos e mexa-os até amolecerem. Em seguida, junte o molho de tomate, o vinho tinto e a pimenta-calabresa (conforme o paladar de suas Gastrokids). Ferva o molho por cerca de 20 minutos, até que se reduza a uma consistência suficiente para envolver bem a massa.

Enquanto isso, leve água salgada para ferver em uma panela grande, adicione o *penne* e cozinhe até ficar *al dente*, seguindo as instruções da embalagem. Escorra o macarrão e misture-o ao molho. Junte a rúcula, para dar um toque verde e uma textura agradável ao prato. Complemente com queijo parmesão (como se fosse necessário lembrá-lo disso).

Que javali!

Lembra-se do grande Asterix e de seu melhor amigo, Obelix? Esse era um dos quadrinhos preferidos da época em que éramos jovens, e sempre que tem javali no cardápio nos sentimos nos banquetes em que Asterix e sua turma devoravam tudo. Eles sabiam o que estavam fazendo: javali é ótimo.

RISOTO DE COUVE & ABÓBORA COM *PANCETTA*

6 xícaras de caldo de galinha (ou água) fervente
100 g de *pancetta* picada
azeite de oliva
1 maço de couve fresca picada, sem os caules
1 abóbora-paulista descascada e cortada em cubos
sal
pimenta-do-reino moída na hora
1 xícara de arroz arbóreo
¼ xícara de vinho branco
¼ xícara de queijo parmesão ralado na hora

Fazer as crianças comerem abóbora e couve juntas em um mesmo prato? Isso é fácil se a receita levar *pancetta* e parmesão. Este é um ótimo risoto para o outono, e a abóbora combina bem com o clima.
Rendimento: 4 porções.

Risoto é um prato de cozimento demorado, mas pode ser simplificado com um pré-preparo eficiente. Para tanto, primeiro aqueça 6 xícaras de caldo de frango em uma panela média, em fogo baixo, sem deixar ferver. Quando não temos caldo de galinha, costumamos fazer o seguinte: despejamos uma colher de sopa de *shoyu* em 6 xícaras de água. Isso tempera e intensifica o sabor e não deixa gosto de *shoyu*.

Em seguida, numa frigideira grande, ou panela de *paella*, misture a *pancetta* com um pouco de azeite, em fogo médio, e cozinhe mexendo sempre, por alguns minutos. Adicione a couve e cozinhe, mexendo ocasionalmente, por mais 5 minutos. Retire a *pancetta* e a couve e reserve numa tigela média. Acrescente mais um pouco de azeite à gordura da frigideira e, quando quente, junte a abóbora em cubos. Tempere com sal e pimenta. Cozinhe por mais 5 minutos, mexendo. Adicione o arroz e mexa por alguns minutos, para que fique bem coberto pelo azeite.

Aumente o fogo para o nível médio-alto, adicione o vinho e deixe cozinhar até que o líquido seja absorvido pelo arroz, mexendo de vez em quando. Acrescente 2 conchas do caldo quente (ou água) e cozinhe, mexendo, até que o arroz tenha absorvido quase todo o líquido. Em seguida, acrescente mais 2 conchas. Repita o processo até que o arroz fique *al dente* e a abóbora se torne macia, mas sem desmanchar. Isso pode levar de 15 a 30 minutos, dependendo de todas as variáveis.

Adicione outra concha de líquido e, então, reintroduza a *pancetta* e a couve, misturando tudo. Agora, acrescente o queijo parmesão, guardando uma parte para as crianças adicionarem depois (só por precaução, caso eles não acreditem que já tem queijo ralado). Sirva, sente-se e acredite no que seus olhos veem. Crianças realmente gostam de couve e abóbora!

MACARRÃO MEIO A MEIO

Cansados de preparar prato principal e acompanhamento, decidimos fazer os dois em um, com um macarrão repleto de vegetais, enriquecido com uma generosa quantidade de azeite de oliva, anchovas (para dar profundidade secreta ao sabor) e boa caramelização da panela. Os ingredientes principais são vegetais crucíferos (neste caso, brócolis e couve-flor). Este prato põe abaixo a noção italiana de que os molhos devem ser servidos em quantidade mínima. Aqui a proporção é metade massa e metade vegetal — e essa é uma boa maneira de fazer você e sua família comerem vegetais. **Rendimento: 4 porções.**

azeite de oliva
1 lata pequena de anchovas
3 dentes de alho picados
1 pitada generosa de pimenta-calabresa
6 xícaras de brócolis e couve-flor grosseiramente picados
sal
pimenta-do-reino moída na hora
500 g de espaguete
queijo parmesão ralado na hora

Prepare uma panela grande com água fervente e sal.

Numa frigideira grande sobre fogo médio, aqueça uma quantidade de azeite de oliva maior do que a que costuma usar. Adicione as anchovas, o alho, a pimenta-calabresa e refogue, mexendo com uma colher de pau para desmanchar as anchovas. Misture os legumes e deixe-os descansar sobre o calor até que comecem a caramelizar um pouco (cerca de 8 minutos). Em seguida, tempere os legumes com sal e pimenta e cozinhe-os, mexendo de vez em quando, até que comecem a amolecer (aproximadamente 8 minutos). Coloque ½ xícara de água para amaciá-los ainda mais. Cozinhe até os legumes ficarem macios e saborosos, a ponto de se fundirem perfeitamente com a massa. Acrescente água, se necessário.

Enquanto isso, cozinhe o macarrão até ficar *al dente*, de acordo com as instruções da embalagem. Escorra. Junte uma quantia suficiente de espaguete na frigideira para atingir um bom equilíbrio entre molho e massa. Monte o prato. Cubra com queijo.

RAGU DE COGUMELO & PORCO

Esta receita dá uma ideia de quão saboroso um molho de carne pode ser. Perfeita para outono ou inverno, gostamos de servi-la sobre um *pappardelle* largo e achatado, mas ela é tão untuosa e consistente que adere bem a qualquer tipo de macarrão firme. Apenas evite prepará-la com massas muito delicadas, como *spaghettini* ou cabelo de anjo. **Rendimento: 4 porções.**

azeite de oliva
2   xícaras de champignons, picados em fatias finas
sal
pimenta-do-reino moída na hora
½   cebola-roxa picada
1   dente de alho picado
flocos de pimenta-calabresa
350 g de carne de porco moída
sálvia fresca picada
tomilho fresco picado
alecrim fresco picado
1   lata (400 g) de tomate pelado

Coloque um pouco de azeite numa panela grande em fogo médio. Acrescente os cogumelos, um pouco de sal e pimenta e cozinhe, mexendo até ficar macio. Retire da panela e reserve. Junte um pouco mais de azeite à frigideira e, em seguida, coloque a cebola, o alho e a pimenta-calabresa. Cozinhe, mexendo sempre, até a cebola ficar transparente (3 a 5 minutos).

Acrescente a carne de porco moída soltando-a com a colher de pau. Tempere com sal e pimenta. Retorne os cogumelos à panela e junte as ervas frescas. Esmague os tomates com as mãos (para deixá-los em pedaços) e ponha-os na panela, inclusive o suco. Cozinhe sobre fogo baixo por duas horas, até ficar tudo bem derretido e agradável. Sirva sobre o macarrão com queijo parmesão ralado.

Glossário Gastrokid: terminologia para massas

Os italianos adoram dar nomes descritivos às suas massas. Aqui vai um guia com alguns dos nossos títulos estranhos favoritos:

Armoniche – massa com formato estriado, semelhante a um acordeom
Conchiglie – termo italiano para "conchas"
Farfalle – termo italiano para "borboletas", às vezes chamado de "gravatinha"
Fettuccine – termo italiano para "fitas"
Gemelli – termo italiano para "gêmeos", massa feita de dois fios retorcidos entre si
Linguine – termo italiano para "línguas pequenas"
Mezzelune – termo italiano para "meia-lua"
Orecchiette – termo italiano para "orelhinha"
Penne – termo italiano para "penas", tubos angulares cujas pontas parecem canetas bico de pena

"O *gnudi* do Spotted Pig, em Nova York, é **fofinho, untuoso** e aparentemente não pesa, embora seja carregado na manteiga dourada em sálvia. Evite os Big Macs; de vez em quando, um **prato desses é perfeito**."

GNUDI[1]

Recentemente, testamos algumas variações de *gnudi* com base na versão do restaurante nova-iorquino Spotted Pig. A receita deles (à qual não tivemos acesso) leva ricota de leite de ovelha. O *gnudi* do Spotted Pig é leve, fofinho, untuoso e aparentemente não pesa, embora seja carregado na gordura e em quase ¼ de xícara de manteiga dourada em sálvia. Isso não é nada saudável, mas se você evita que seus filhos comam Big Macs e afins, um prato desses de vez em quando é perfeito. As crianças adoram, claro, pois são loucas por queijo. **Rendimento: 4 porções.**

450 g ricota escorrida
1 ovo grande batido
¾ xícara de farinha de trigo
sal
pimenta-do-reino moída na hora
algumas raspas de noz-moscada
50 g de manteiga
12 folhas de sálvia, aproximadamente
¼ xícara de queijo parmesão (ou pecorino) ralado

Em uma tigela grande, misture bem a ricota, o ovo, a farinha, o sal e a noz--moscada até formar uma massa homogênea. Usando uma colher de sopa como medida, pegue um pouco da mistura e faça uma bolinha, do mesmo modo como se faz um brigadeiro grande, com 3,5 cm de diâmetro. Coloque sobre uma superfície enfarinhada. Repita o procedimento até obter uma enorme quantidade de *gnudi*, o mais uniforme possível em tamanho. Feito isso, você deve levá-los à geladeira por meia hora, no mínimo, antes de prosseguir. Também pode congelá-los para uso futuro.

Ponha uma panela com água salgada para ferver sobre fogo baixo, adicione os *gnudi* e cozinhe até que flutuem.

Enquanto os *gnudi* fervem lentamente, derreta a manteiga numa panela até que a espuma dissolva e a manteiga comece a tomar cor de mel ou caramelo, quase marrom. Acrescente as folhas de sálvia e deixe cozinhar, mexendo um pouco, até que soltem bastante aroma e fiquem ligeiramente crocantes.

Quando os *gnudi* estiverem cozidos, divida-os nos pratos, regue-os com a manteiga dourada em sálvia e enfeite com a sálvia crocante. Cubra com uma bela camada de queijo parmesão. Sirva imediatamente, sob os aplausos fervorosos de crianças de todas as idades.

---

[1] Deriva da palavra italiana *nudo*, que significa "nu, pelado". Na culinária, o *gnudi* pode ser considerado uma versão do nhoque, mas com ricota em vez de batata. Geralmente é servido sem molho, apenas com manteiga (ou azeite) e sálvia. A versão mais conhecida é a da Toscana: *gnudi gnocchi*, à base de ricota e espinafre, servida na manteiga. (NT)

MAC & CHEESE [1] CASEIRO ENRIQUECIDO COM PRESUNTO CRU, TOMATES TOSTADOS E SÁLVIA CROCANTE

500 g de macarrão tipo *penne*, *rigatoni* ou conchinha
2 colheres de sopa de azeite de oliva
8 folhas inteiras, aproximadamente, de sálvia fresca
   sal
   pimenta-do-reino moída na hora
¼ xícara de presunto cru grosseiramente picado
1 xícara de tomate-cereja
3 colheres de sopa de manteiga
2 colheres de sopa de farinha de trigo
½ xícara de creme de leite
5 xícaras de queijo ralado, numa mistura tipo quatro queijos, na proporção de 1¼ xícara de cada: parmesão, gruyère, asiago e cheddar, ou como preferir.

Esta excepcional versão de macarrão com queijo demora um pouco mais do que aquela que vem em pacote (claro), mas vale a pena. Quanto melhor o queijo que você comprar, melhor será o sabor (e uma porção de queijo cheddar curado pode despistar a extrema untuosidade do prato). Esta receita é a prova de que as versões caseiras reinam com supremacia. Os tomates tostados na panela acrescentam uma certa acidez que penetra no queijo quando ele é cortado. A sálvia e o presunto cru elevam o sabor às alturas. Ao final, pode-se ralar queijo parmesão por cima, quando se deseja um exagero delirante. Rendimento: 6 porções.

Preaqueça o forno a 200 ºC. Unte com manteiga um refratário, caçarola ou assadeira, com tamanho aproximado de 20 × 30 × 5 cm. Numa panela grande, cozinhe o macarrão em água fervente com sal até ficar *al dente*. Escorra e reserve.

Enquanto isso, em outra panela grande sobre fogo médio-alto, coloque o azeite de oliva e frite as folhas inteiras de sálvia até ficarem crocantes, mas ainda verdes (cerca de 3 minutos). Retire a sálvia da panela e tempere-a com sal e pimenta. Leve o presunto e os tomates-cereja à panela e refogue, mexendo ocasionalmente, até o presunto ficar crocante e os tomates se tornarem levemente dourados, mas não completamente murchos. Usando uma escumadeira (ou qualquer colher grande adequada), remova o presunto e os tomates da panela e reserve. Junte a manteiga, deixe derreter e, em seguida, acrescente a farinha. Mexa e cozinhe até que fiquem levemente douradas. Misture o creme de leite.

Em uma tigela grande, ponha o queijo ralado, a mistura com creme de leite e o macarrão. Mexa cuidadosamente até que o queijo e o creme estejam bem misturados, adicionando um pouco mais de creme se parecer muito seco. Tempere com pimenta e acrescente sal, se necessário. Despeje a mistura na assadeira untada. Cubra com o tomate, a sálvia e o presunto. Asse por 30 minutos ou até borbulhar por inteiro e formar uns pontos gratinados. Sirva com queijo parmesão ralado em cima de cada porção, caso queira.

---

[1] Receita tradicional norte-americana de macarrão com queijo, geralmente cheddar, muito comum em versão industrializada e instantânea. (NT)

MAC & *CHEESE* MAXIMUS

Há momentos na vida de pais gourmet em que as comidas mais caseiras e apreciadas sem a menor pressa não conseguem atender a uma criança (ou a seus pais, diga-se de passagem) que padece de baixos níveis de açúcar no sangue. O jantar pode, às vezes, deixar esses pais sem saída. Por sorte, na despensa da maioria dos pais gourmet, normalmente há uma ou duas caixas de *mac & cheese* da marca Annie — para micro-ondas —, que, ao menos, é elaborado com macarrão orgânico. Claro, o fato de ser orgânico não quer dizer que seja hipernutritivo (orgânico ou não, macarrão com queijo é apenas amido e gordura com um rastro de proteína), mas aqui vão dois truques muito fáceis para ir além do tradicional: um mais saudável, outro mais gourmet.
Rendimento: 4 porções.

MAC & *CHEESE* INSTANTÂNEO DE ESPINAFRE

Misture espinafre picadinho (para que derreta completamente) com o queijo e, assim, cubra o macarrão com uma divina camada de fibra e ferro. Dessa forma, o vegetal não poderá ser tirado de lado.

MAC & *CHEESE* INSTANTÂNEO TRUFADO

Realce o apelo de sabor *umami* do *mac & cheese* com algumas gotas de azeite trufado, um pouco de presunto cru picado e salsinha bem picada e polvilhe um pouco de queijo parmesão ralado por cima. Eu garanto que até você comerá isso (com uma taça de Barbera d'Alba, talvez?).

BOLONHESA SEMIRRÁPIDA

Durante anos, seguimos a filosofia de Marcella Hazan sobre cozinhar o molho à bolonhesa: cocção lenta em baixa temperatura até que tudo se desmanche num ragu untuoso, carnudo, quase sem tomate, com uma gordura alaranjada. Ela sugere algo em torno de três ou quatro horas de cozimento. Com certeza, os ingredientes derretem de forma mágica ao longo desse tempo todo. A carne se decompõe, tornando-se a mais agradável substância para cobrir uma massa. Tudo fica adocicado. A acidez do vinho branco e dos poucos tomates tem presença sutil. É muito bom. Mas que pais têm quatro horas livres? Nós não. Na verdade, só fazemos esse prato camponês numa ocasião muito especial, uma vez por ano, como tradição de véspera de Natal. Começamos a cozinhar bem antes de as crianças irem para a cama, e então comemos enquanto terminamos de montar alguns brinquedos e embrulhamos os presentes de Natal. Recentemente, lemos sobre uma variação refogada da bolonhesa. Nessa nova versão, o molho é basicamente frito em gordura suficiente para caramelizar e fundir tudo à alta temperatura. É o oposto da cocção lenta em baixa temperatura, mas tem excelente resultado. O texto não trazia a receita, mas resolvemos tentar. E deu certo. Você jamais diria que não levou quatro horas.

Rendimento: 4 porções.

- 5 colheres de sopa de azeite de oliva
- 500 g de carne moída, não muito magra
- 1 cebola-branca bem picada
- 2 talos de aipo cortados em pedaços bem pequenos
- 1 cenoura grande bem picada
- ¼ xícara de *pancetta* ou presunto cru picado em pedaços bem pequenos (pode-se usar bacon, mas isso acrescenta uma nota defumada que pode ser um tanto exagerada, embora fique bem gostoso)
- sal
- pimenta-do-reino moída na hora
- ¼ xícara de vinho branco
- 2 xícaras de tomate pelado em conserva, esmagados à mão

Numa frigideira grande, sobre fogo alto, aqueça 2 colheres de sopa de azeite, acrescente a carne moída e refogue, desmanchando com uma colher, até cozinhar e dourar bem. Retire da frigideira e reserve numa tigela. Passe um papel-toalha na frigideira para limpá-la.

Aqueça as 3 colheres de azeite restantes, em fogo médio-alto, na mesma frigideira. Adicione a cebola, o salsão, a cenoura e o bacon. Em seguida, tempere com sal e pimenta. Cozinhe, mexendo ocasionalmente, até que os legumes amoleçam e caramelizem; isso intensifica a doçura e dá profundidade ao sabor. Mexa de vez em quando. Não deixe queimar, apenas doure bem.

Acrescente o vinho e mexa até evaporar. Misture os tomates e a carne cozida, baixe o fogo para o nível médio ou para um nível que mantenha lenta fervura por cerca de meia hora. Fique de olho para não queimar ou secar demais. Adicione algumas colheres de água, caso seque. Se começar a queimar, baixe o fogo mais um pouco. A ideia é caramelizar e não carbonizar. O molho ideal fica encorpado e quase seco (não é para ensopar o macarrão, apenas para cobri-lo com um molho espesso, carnudo, que se incorpora à massa). Sirva com o macarrão cozido de sua preferência.

Com bacon é melhor

Enquanto a bolonhesa clássica leva tempo, tempo e mais tempo, a adição de carne de porco curada dá uma profundidade inigualável ao sabor, sem tomar muito tempo. Essa é mais uma prova de que a carne de porco curada é a solução.

"**Manjerona fresca** é a versão amplificada do orégano e definitivamente **vale a pena incluí-la em seu repertório.**"

MACARRÃO COM TOMATE-CEREJA E **MANJERONA**

Esta massa fica com um sabor ousado de manjerona, uma erva fresca que é a versão amplificada do orégano. Se você não encontrar manjerona, pode substituí-la por orégano ou outra erva fresca, mas vale a pena procurar e incluir a manjerona em seu repertório.
Rendimento: 4 porções.

500 g de macarrão (as curvas e fendas do *farfalle* seguram bem os tomates)
azeite de oliva
2 dentes de alho em fatias finas
3 xícaras de tomate tipo cereja ou uva, ou ambos misturados
manjerona fresca (ou outra erva, como salsinha, manjericão, qualquer uma)
sal
pimenta-do-reino moída na hora
queijo parmesão

Ponha água salgada para ferver numa panela. Adicione o macarrão e cozinhe até ficar *al dente*, seguindo as instruções da embalagem e reservando cerca de ½ xícara da água do cozimento da massa.

Enquanto isso, sobre fogo médio, aqueça um pouco do azeite numa frigideira grande ou panela. Acrescente o alho e refogue por um minuto até levantar o aroma, mexendo sempre. Junte o tomate e as ervas frescas. Tempere com sal e pimenta e cozinhe, misturando tudo, até que a mistura amoleça e a casca dos tomates se rompa (aproximadamente 8 minutos). Junte macarrão escorrido e um pouco da água reservada do cozimento, deixando numa boa proporção de tomate e massa. Sem retirar do fogo, misture até incorporar bem. Sirva com bastante queijo parmesão ralado por cima.

MOLHO DE TOMATE EM 5 MINUTOS

Quem precisa de molho enlatado quando se pode fazê-lo em casa, e ainda sem o açúcar? Use isso como uma receita básica para qualquer improvisação com ervas. Você pode complementá-la com algumas sementes de erva-doce tostadas, pimenta-calabresa, ou qualquer erva da estação (sálvia, alecrim, tomilho, salsinha). Ou acrescente alcaparras, azeitonas e pimenta fresca picada para fazer um molho à *puttanesca*. **Rendimento: 4 porções.**

- 1 lata (400 g) de tomate pelado
- azeite de oliva
- 2 dentes de alho
- sal
- pimenta-do-reino moída na hora

Numa tigela grande, esmague cuidadosamente os tomates com as mãos. Coloque um pouco de azeite numa panela sobre fogo médio. Acrescente o alho e refogue por um minuto, até levantar o aroma característico, mexendo sempre. Junte o tomate (com o suco), um pouco de sal e pimenta e refogue, mexendo ocasionalmente, até que a mistura se reduza a uma boa consistência (10 a 12 minutos). Sirva com o macarrão cozido de sua preferência.

ARROZ ESPANHOL

Aqui está um clássico que vale manter no repertório. É incrível como um pouco de azeite de oliva e cebola podem potencializar o insosso arroz branco. Rendimento: 4 porções.

- azeite de oliva
- 1 cebola média bem picada
- 1 ½ xícara de arroz de grão longo ou, melhor ainda, arroz para *paella*
- sal
- pimenta-do reino moída na hora
- uma pitada de coentro fresco

Numa chaleira, ponha 3 xícaras de água para ferver.

Enquanto isso, numa panela com tampa, aqueça um pouco do azeite de oliva e, em seguida, adicione a cebola, mexendo para misturar bem, durante 30 segundos. Na sequência, acrescente o arroz, misture para incorporar o azeite e cozinhe, mexendo sempre, por 2 a 3 minutos, ou até amolecer a cebola.

Adicione a água fervente ao arroz, junte um pouco de sal e pimenta e tampe. Baixe o fogo para o nível médio-baixo, deixando o arroz ferver, mas sem transbordar. Deve ficar pronto em aproximadamente 15 minutos. Decore com coentro.

Arroz espanhol – a arte de refogar

O que torna o arroz espanhol tão macio e soltinho? O segredo está em refogá-lo por alguns minutos em azeite, com uma cebola picada, antes de adicionar a água. A alta temperatura e o óleo envolvem e cozinham cada grão de arroz de uma forma que, quando você adiciona água, os grãos mantêm sua característica e não grudam uns nos outros.

MOLHO RÁPIDO DE PINHOLES & SALSINHA

Este é um molho rápido que surgiu, como muitas das nossas receitas, da necessidade e de uma despensa quase vazia. Tínhamos ravióli congelado (embora essa receita funcione com qualquer massa que estiver ao seu alcance), alguns pinholes no armário da cozinha, salsinha na geladeira e... pouco tempo. **Rendimento: 4 porções.**

- 1 pacote (350 g) de ravióli de queijo congelado
- 4 colheres de sopa de azeite de oliva
- 2 dentes de alho picados
- ¼ xícara de pinholes tostados numa frigideira, para dourar levemente
- ¼ xícara de salsinha fresca picada
- sal
- pimenta-do-reino moída na hora
- queijo parmesão ralado na hora

Numa panela grande com água fervente, cozinhe o ravióli de acordo com as instruções da embalagem e escorra. Enquanto isso, numa frigideira sobre fogo médio, aqueça o azeite. Acrescente o alho e refogue até levantar o aroma característico, mexendo sempre, por uns 3 minutos. Junte os pinholes, a salsinha, o ravióli escorrido, o sal e a pimenta e deixe aquecer bem, por cerca de 5 minutos. Sirva com queijo parmesão ralado na hora.

"O improviso é a **alma do Gastrokid**. Tínhamos ravióli congelado, **pinholes, salsinha** e pouco tempo..."

RAVIÓLI COM MANTEIGA DOURADA, SÁLVIA & PARMESÃO: **UMA RECEITA PARTICIPATIVA PARA GASTROKIDS E SEUS PAIS**

1 pacote (300 a 350 g) de ravióli de queijo, fresco ou congelado
50 g de manteiga
ramos de sálvia
pimenta-calabresa (opcional)
queijo parmesão ralado na hora

O.k. Manteiga. Eu sei. Mas se você não alimenta seu filho com porcaria todos os dias da semana, um pouco de molho de manteiga e sálvia a cada duas semanas é perfeitamente aceitável.

Esta receita é uma maneira divertida de fazer que as crianças ajudem no pré-preparo, por não envolver facas nem outro calor além da água fervente (que ficará sob seu cuidado). Rendimento: 4 porções.

Ponha água para ferver numa panela grande, sobre fogo baixo, na boca do fundo do fogão, com o cabo voltado para dentro, evitando que as crianças tenham contato com ela.

Deixe um de seus filhos abrir o pacote de raviólis e separá-los individualmente, se necessário, colocando-os em um prato. Deixe as crianças cortarem a manteiga com uma faca plástica, o mais cega possível.

Agora você assume. Primeiro, certifique-se de manter as crianças longe da panela quente. Numa panela ou frigideira, sobre fogo médio, derreta a manteiga até espumar. Quando a espuma desaparecer e a manteiga começar a tomar um tom castanho claro, junte as folhas de sálvia e deixe fritar um pouco. Cozinhe até a manteiga atingir um tom amarronzado e retire a mistura do fogo. Se os seus filhos não têm problema com sabores picantes, salpique alguns flocos de pimenta-calabresa.

Rale um pouco de parmesão. Escorra os raviólis, ponha-os no prato e despeje, com o auxílio de uma colher, o molho de sálvia e a manteiga, com aquelas folhas lindamente torcidas, verdadeiros pedaços rústicos de erva. Na sequência, espalhe queijo parmesão ralado por cima de tudo e sirva. Comida saudável? Não. Perfeita? Sim. Um momento Gastrofamily? Com certeza.

Manteiga dourada é melhor

Defendemos o conceito de "tudo com moderação" no que se refere a alimentar a família e temos prazer em dizer que "tudo" inclui manteiga, manteiga dourada. Nós a preparamos uma vez por mês para adicioná-la não só às massas, mas também aos vegetais e aos peixes, com um pouco de limão espremido, para equilibrar os sabores. Você pode colocá-la em algo doce ou salgado e obter um toque caramelizado. Uma pitada de sal sempre ajuda. Basta aquecer cerca de 4 colheres de sopa de manteiga numa panela, sobre fogo médio, até que espume e torne a se liquefazer, adquirindo um tom acastanhado por 5 minutos. Fique atento e certifique-se de que atinja apenas um marrom acastanhado. Se você notar manchas pretas, foi longe demais. Não se preocupe. Jogue fora e tente novamente...

PIZZA

Dos poucos pratos universalmente amados pelas crianças, a pizza é talvez o mais poderoso de todos. Explore a propensão inata para pizza, levando o paladar de seus filhos aonde nunca ousou chegar, substituindo um ou outro ingrediente por algo mais arrojado, como uma berinjela ao alho no lugar da linguiça-calabresa; *pancetta* em vez de *pepperoni*; sálvia em vez de manjericão. Em casa, comemos em média uma pizza por semana: experimentamos queijos variados, testamos proporções de molho e coberturas, usamos sobras de vegetais (ou aquele pedaço de bacon perdido), e sempre ficamos surpresos e satisfeitos com o resultado.

Pizzas podem ajudar a desenvolver o paladar dos seus filhos. Nós introduzimos, com sucesso, pizza com anchovas e até mesmo com brócolis (discretamente combinados à *pancetta* sobre a massa, para falar a verdade). Adicionar algo diferente à zona de conforto de uma massa de pizza estimula o paladar de seus filhos a explorar novidades.

MASSA BÁSICA DE PIZZA

Todas as ideias a seguir partem de uma mesma base: uma massa de pizza pré-assada ou caseira, aberta sobre uma assadeira untada com azeite, um forno préaquecido a 220 ºC e uma família faminta e bem-humorada por saber que haverá pizza caseira para o jantar. A parte mais importante é realmente esticar a massa até quase a borda da assadeira. Se ficar muito grossa, ela se parecerá mais com um pão. Não se preocupe em deixá-la redonda: nós acreditamos que um retângulo tosco é mais autêntico. **Rendimento suficiente para 1 pizza.**

- ¾ xícara de água quente
- 1 colher de sopa de leite
- 2 colheres de chá de fermento biológico seco
- 2 xícaras de farinha de trigo
- ½ colher de chá de sal
- 3 colheres de sopa de azeite de oliva

Numa tigela grande, misture a água, o leite e o fermento. Adicione farinha, sal e azeite e mexa bem até começar a formar uma espécie de bola massuda.

Sove a massa na superfície de uma mesa, ou balcão; faça isso dobrando a massa sobre si mesma, várias vezes, até ficar lisa. Isso pode levar de 5 a 10 minutos, dependendo de sua resistência e força.

Unte a parte interna de uma tigela de inox com um pouco de azeite e coloque a massa ali, para descansar. Cubra-a com um pano de prato e deixe crescer num local morno. Após cerca de 1 ½ hora, ela estará bonita e bem grande.

Essa é a parte divertida: dê um soco bem no meio da massa (ou deixe seu filho fazer isso!). Vire a massa para ter uma superfície lisa, cubra novamente com um pano de prato e deixe crescer por mais 1 hora. Então, a pizza estará pronta para assar.

"Qualquer família faminta e rabugenta ficará imediatamente **de bom humor** com a promessa de uma pizza caseira para o jantar. Compre uma massa pré-assada, ou faça a sua. **Pronto**!"

PIZZA DE TRÊS SABORES PARA AGRADAR A FAMÍLIA INTEIRA

Nós criamos o hábito de fazer pizza com sabores distintos, como esta. Pense nisso como um menu degustativo de pizzas, ou "trio de pizzas", para usar um termo de restaurante. Na verdade, ela pode tanto agradar a todos ou apresentar novos sabores aos mais enjoados, como aconteceu conosco. **Rendimento: 4 porções.**

1 receita de massa básica de pizza (página 122, para ganhar tempo, usamos massa pré-assada, a comum, não a integral, pois esta tem um sabor marcante e não combina com alguns ingredientes) azeite de oliva

2 xícaras de queijo muzarela ralado, ou uma mistura de quatro queijos

SABOR 1
5 anchovas em conserva de azeite (de preferência as que vêm da Espanha ou da Itália, em vidro) cortadas em pedaços de 0,5 cm
3 dentes de alho em fatias finas
¼ xícara de cebola-branca em fatias finas
uma pitada generosa de pimenta-calabresa

SABOR 2
¼ xícara de cebola-branca em fatias finas (a variedade mais doce que encontrar, como a *maui*, não gera reclamações)
5 folhas frescas de sálvia, em pedaços de 1 cm
boas pitadas de pimenta-do-reino moída na hora (bem, de preferência a *tellicherry*, mas aí já estamos indo longe demais)

SABOR 3
apenas queijo

Preaqueça o forno a 220 °C. Estique a massa, em formato retangular rústico, sobre uma assadeira untada com azeite de oliva. Isso requer certo tempo e manipulação, mas é importante deixá-la o mais fina e esticada possível. Espalhe uma fina camada de queijo por cima. Cubra cada seção com os ingredientes dos respectivos sabores.

Asse por cerca de 20 minutos, até que o aspecto fique tão atraente quanto você deseja, isto é, dourada e crocante nas bordas, e toda a parte de cima borbulhando vividamente.

Acompanhamento fácil

Em outra assadeira, a ser colocada na parte inferior do forno, ponha um pouco de azeite de oliva, um maço de brócolis cortado em buquês, alho picado, sal e pimenta. Misture bem e em seguida leve para assar, enquanto assa a pizza. Na metade do tempo de cocção, mexa com a ajuda de uma pinça longa. Nós gostamos de deixar algumas partes tostadas. Isso leva aproximadamente 10 ou 15 minutos.

PIZZA DE SEGURELHA

- 1 receita de massa básica de pizza (página 122, ou uma massa pronta pré-assada) azeite de oliva
- 2 xícaras de queijo muzarela ralado, ou uma mistura de quatro queijos, ou o queijo preferido por você e pelas crianças
- 3 colheres de sopa de segurelha fresca (ou orégano, manjerona, qualquer erva fresca que você deseja apresentar às crianças), sem os caules
- 1 xícara de tomates-cereja cortados ao meio

Esta pizza de segurelha é realmente saborosa. Feita com boa quantidade dessa erva (algo entre a manjerona e o orégano, parecida com o estragão), alguns tomates-cereja e queijo. Nada muito além disso. Apenas um forno preaquecido a 220 °C, uma massa pronta de boa qualidade, pré-assada, e azeite de oliva na assadeira.
Rendimento: 4 porções.

Preaqueça o forno a 220 °C. Estique a massa, em formato retangular rústico, sobre uma assadeira untada com azeite de oliva. Isso requer certo tempo e manipulação, mas é importante deixá-la o mais fina e esticada possível. Espalhe uma fina camada de queijo por cima. Cubra com as ervas e os tomates.

Asse até dourar e borbulhar por cima (aproximadamente 25 minutos). Ao servir, cuidado: de início os tomates estarão perigosamente quentes.

PIZZA DE DOIS SABORES: **TOMATE & COGUMELOS**

Aqui está uma pizza com dois sabores, inspirada em dois ingredientes sempre disponíveis nos supermercados, independentemente da época do ano. Não é nenhuma maravilha do outro mundo, mas, às vezes, tudo o que queremos é apenas uma pizza de tomates e cogumelos, não importa qual seja a estação do ano. **Rendimento: 4 porções.**

1 receita de massa básica de pizza (página 122, ou para ganhar tempo, uma massa pré-assada comum, não integral)
azeite de oliva
1½ xícaras de queijo muzarela ralado, ou uma mistura de quatro queijos
sal
pimenta-do-reino moída na hora

SABOR 1
vários tomates italianos, em rodelas finas
diversos cogumelos carnudos, tipo *shiitake*, em fatias finas

SABOR 2
apenas queijo

Preaqueça o forno a 220 °C. Estique a massa, em formato retangular rústico, sobre uma assadeira untada com azeite de oliva. Isso requer certo tempo e manipulação, mas é importante deixá-la o mais fina e esticada possível. Espalhe uma fina camada de queijo por cima. Cubra a parte 1 com os tomates e os cogumelos. Tempere com sal e pimenta.

Asse por cerca de 20 minutos, até que o aspecto fique tão atraente quanto você deseja, isto é, dourada e crocante nas bordas, e toda a parte de cima borbulhando vividamente.

! Basta adicionar água
Às vezes, sua vontade de comer pizza vai além do que há na gaveta de vegetais. Para evitar ter de fazer pizza sem cobertura, mantenha um estoque de cogumelos secos. Eles duram para sempre e estarão lá quando você precisar. Deixe-os de molho por 20 minutos em água quente, esprema para tirar o excesso de líquido, e a cobertura estará pronta.

PIZZA DE ZEBRA-VERDE[1]

Tomates-zebra-verde têm o nome mais legal de todos os alimentos. Eles são bem azedos e, por isso, fazem um bom contraste com o queijo. Também não são muito aguados; portanto, não irão encharcar sua pizza. **Rendimento: 4 porções.**

- 1 receita de massa básica de pizza (página 122, ou uma massa pronta pré-assada) azeite de oliva
- 2 xícaras de queijo muzarela ralado, ou uma mistura de quatro queijos, ou o queijo preferido por você e pelas crianças
  folhas de tomilho fresco
  algumas fatias finas de tomate-zebra-verde

Preaqueça o forno a 220 °C. Estique a massa, em formato retangular rústico, sobre uma assadeira untada com azeite de oliva. Isso requer certo tempo e manipulação, mas é importante deixá-la o mais fina e esticada possível. Espalhe uma fina camada de queijo por cima. Cubra com o tomilho e o tomate.

Asse até dourar e borbulhar por cima (aproximadamente 25 minutos).

Anatomia de uma espécie

Black Brandywine, German Giant, Big Rainbow, Box Car Willie e Cherokee Purple são nomes que evocam a história da horticultura do tomate. Esses tomates são sempre orgânicos e sua herança genética, que pode ser rastreada até pelo menos 50 anos atrás, remonta a uma única variedade. Mas, agora vem a ironia: nossa variedade preferida — o zebra-verde — não deriva de uma origem ancestral; na verdade, é uma versão híbrida jovem de quatro importantes variedades. Embora tenha um ótimo nome e seja bonitinho, tende a ser um tanto azedo e com baixo teor de açúcar (o que as crianças não necessariamente adoram), mas é um excelente contraponto à untuosidade do queijo.

---

[1] A variedade de tomates-zebra-verde tem uma casca verde e listrada e continua verde mesmo quando amadurece. Apesar de pouco comum no mercado nacional, esse tipo de tomate já pode ser adquirido em lojas especializadas de sementes de hortifrúti. Se você tem um pequeno quintal ou vaso na varanda, pode produzi-lo em alguns meses. (NT)

PIZZA DE TOMATE, ALCAPARRAS & ANCHOVAS

Não há necessidade de queijo nesta bela pizza salgada que nos remete às ruas de Marselha. **Rendimento: 4 porções.**

- 1 receita de massa básica de pizza (página 122, ou uma massa pronta pré-assada) azeite de oliva
- 6 ou mais **anchovas em conserva, escorridas e picadas**
- 3 colheres de sopa, aproximadamente, de alcaparras escorridas
- 1 xícara, aproximadamente, de tomate pelado em conserva, picado, escorrido o excesso de suco (guarde o que restar na lata para fazer molho de macarrão)

Preaqueça o forno a 220 °C. Estique a massa, em formato retangular rústico, sobre uma assadeira untada com azeite de oliva. Isso requer certo tempo e manipulação, mas é importante deixá-la o mais fina e esticada possível. Cubra com tomates, anchovas e alcaparras.

Asse até dourar e borbulhar por cima (aproximadamente 25 minutos).

PIZZA DE AZEITONAS & ALHO-PORÓ GRELHADO

Este é um bom argumento para grelhar uma porção de vegetais numa só noite e fazer uma pizza no dia seguinte: nós fatiamos o alho-poró bem fininho e cortamos as azeitonas ao meio (usamos as kalamatas em conserva). Você pode facilmente usar esses ingredientes num macarrão e misturar com queijo parmesão ralado e azeite de oliva.
Rendimento: 4 porções.

- 1 receita de massa básica de pizza (página 122, ou uma massa pronta pré-assada) azeite de oliva
- 1 xícara de queijo muzarela ralado, ou uma mistura de quatro queijos, ou o queijo preferido por você e pelas crianças
- 2 xícaras de alho-poró fatiado e grelhado
- ¼ xícara de azeitonas-pretas (kalamata) picadas

Preaqueça o forno a 220 ºC. Estique a massa, em formato retangular rústico, sobre uma assadeira untada com azeite de oliva. Isso requer certo tempo e manipulação, mas é importante deixá-la o mais fina e esticada possível. Cubra com queijo, alho-poró e azeitonas.

Asse até dourar e borbulhar por cima (aproximadamente 25 minutos).

Tudo sobre azeitonas

Quem tem as melhores azeitonas? Esse é o tipo de discussão que pode elevar até mesmo as altas temperaturas do clima quente mediterrâneo. Não entraremos nessa briga; porém, podemos oferecer um miniguia para apresentar as famílias de azeitonas.

Arbequinas: Espanha – pequenas, de sabor levemente amargo

Beldi: Marrocos – conservada em salmoura e muito usada na culinária

Bitetto: Itália – doce e com sabor de amêndoa

Cerignola: Itália – carnuda, suave e de cor verde brilhante

Gaeta: Itália – salgada, pequena e de cor marrom arroxeada

Kalamata: Grécia – de cor roxa escura e com sabor rico e defumado

Manzanilla: Espanha – verde e crocante, de médio porte; geralmente recheada com pimentões-vermelhos ou anchovas salgadas

Sevillano: Espanha – grande, verde, suave e crocante

Niçoise: França – minúscula, carnuda, amadurecida na árvore para intensificar seu rico sabor

Picholine: França – azeitonas-verdes de sabor marcante e azedo

TORTA FLAMBADA DE CEBOLA & BACON

Esta é uma daquelas combinações básicas de sabores que nos fazem acordar para a vida: cebolas em rodelas finas que caramelizam na alta temperatura de um forno próprio para assar pizza, bacon defumado e creme de leite que derrete, misturando-se à massa. Não é de forma alguma um alimento saudável, mas é a prova de que pizzas não precisam de tomates. O tomilho fresco, se você tiver, dá um toque herbáceo que contrasta bem com os outros sabores, mas não é essencial; o bacon pode certamente dar conta. Esta receita é inspirada nos sabores da clássica torta flambada da Alsácia.

Rendimento: 4 porções.

1 receita de massa básica de pizza (página 122, ou uma massa pronta pré-assada)
azeite de oliva
creme de leite fresco
1 cebola em fatias finas (de preferência a branca, mas a roxa também serve)
algumas fatias de bacon picadas em pedaços de 1 cm, ou como preferir
tomilho fresco

Preaqueça o forno a 220 ºC. Estique a massa, em formato retangular rústico, sobre uma assadeira untada com azeite de oliva. Isso requer certo tempo e manipulação, mas é importante deixá-la o mais fina e esticada possível. Espalhe o creme de leite por toda a massa. Cubra com cebola, bacon e tomilho.

Asse até que o bacon cozinhe, as rodelas de cebola fiquem levemente amarronzadas nas pontas e a massa doure (aproximadamente 25 minutos).

"Mesmo adorando lombinho e bistecas, cremos que **nada supera a carne de porco curada** (presunto cru, *pancetta* ou, claro, bacon), e essa é apenas uma amostra do **poder da carne suína**."

PIZZA DE *PANCETTA* & SÁLVIA

1 receita de massa básica de pizza (página 122, ou uma massa pronta pré-assada)

azeite de oliva

um pouco de queijo muzarela ralado

1 xícara, aproximadamente, de *pancetta* picada (ou presunto cru)

¼ xícara de sálvia fresca picada

pimenta-do-reino moída na hora

A *pancetta* não defumada é salgada, puramente suína. A sálvia é a personificação (ou seria "herbificação"?) do outono. Juntos, esses dois ingredientes criam uma perfeição aromática que se espalha pela casa enquanto assam no forno. **Rendimento: 4 porções.**

Preaqueça o forno a 220 °C. Estique a massa, em formato retangular rústico, sobre uma assadeira untada com azeite de oliva. Isso requer certo tempo e manipulação, mas é importante deixá-la o mais fina e esticada possível. Espalhe o queijo por cima. Cubra com *pancetta*, sálvia e pimenta.

Asse até dourar e borbulhar por cima (aproximadamente 25 minutos).

Grandes suínos

Nós apreciamos a carne de porco por sua gordura saborosa, uma gordura adocicada e untuosa que enobrece todos os pratos em que é usada: de pizzas a molhos e sanduíches. Mesmo adorando lombinho e bisteca, cremos que nada supera a carne de porco curada (presunto cru, *pancetta* ou, claro, bacon), e essa é apenas uma amostra do poder da carne suína.

PIZZA DE AZEITONAS-PRETAS & ALECRIM

Erva marcante. Vegetal marcante. Uma combinação perfeita de sabores intensos. Rendimento: 4 porções.

- 1 receita de massa básica de pizza (página 122, ou uma massa pronta pré-assada)
  azeite de oliva
- 1 xícara de queijo muzarela ralado
- ½ xícara de azeitonas-pretas picadas
- ¼ xícara de alecrim fresco picado

Preaqueça o forno a 220 ºC. Estique a massa, em formato retangular rústico, sobre uma assadeira untada com azeite de oliva. Isso requer certo tempo e manipulação, mas é importante deixá-la o mais fina e esticada possível. Cubra com queijo, azeitonas e alecrim.

Asse até dourar e borbulhar por cima (aproximadamente 25 minutos).

PIZZA DE MUZARELA FRESCA, TOMATE & MANJERICÃO

Eis a clássica e tricolor pizza *margherita*. **Rendimento: 4 porções.**

1 receita de massa básica de pizza (página 122, ou uma massa pronta pré-assada)
azeite de oliva
1 bola de muzarela fresca cortada em rodelas finas
manjericão fresco picado
tomates frescos (de preferência italianos, por não serem muito aguados) cortados em rodelas finas

Preaqueça o forno a 220 °C. Estique a massa, em formato retangular rústico, sobre uma assadeira untada com azeite de oliva. Isso requer certo tempo e manipulação, mas é importante deixá-la o mais fina e esticada possível. Arrume as fatias de queijo sobre a massa. Cubra com tomate e manjericão.

Asse por aproximadamente 20 minutos, até a muzarela derreter e a crosta dourar.

Coisa fina

Quer um lanche massudo? Coma uma rosquinha doce frita. Quer uma pizza que otimize o contraste de sabor e textura? Dedique tempo para esticar bem a massa e deixá-la o mais fina possível, para permitir que os ingredientes da estação sobressaiam. A espessura da crosta torna-se, assim, um mero agrado.

CAFÉ DA MANHÃ

Se a mesa de jantar é um campo de batalha em potencial, o café da manhã é um conflito entre guerrilhas: ausência de sutilezas, pressão pelo horário da escola e do trabalho, baixos níveis de cafeína, nenhuma base de nutrientes... Coisas que poderiam levar pais aflitos a assumirem a derrota, o que, apesar de totalmente compreensível, não seria correto. Para ajudar, criamos um repertório básico com alguns truques infalíveis. Uma artimanha que desenvolvemos em casa consiste num mingau de aveia semipronto. Numa manhã de segunda-feira, fizemos mais mingau do que poderíamos comer: em vez de fazer mingau de aveia para duas pessoas, fizemos para doze e guardamos o restante na geladeira. Nos dias seguintes, colocamos algumas colheradas em tigelas individuais, levamos ao micro-ondas e servimos com leite, uma boa calda escura do xarope de bordo e frutas frescas, e demos aos nossos filhos um mingau aparentemente feito na hora, quentinho e repleto de grãos integrais. Acrescente a isso um ovo cozido ou *poché* e/ou uma vitamina, e você terá dado ao seu filho uma base para começar bem o dia, sem recorrer a cereais em caixa, totalmente processados e com açúcar em excesso. Aqui vão mais alguns truques que trazemos nas mangas.

HERBIE, **SE MEU OMELETE FALASSE**

A referência ao filme de segunda categoria pode incomodar e confundir as crianças, mas atesta a que veio esta receita: reunir o máximo de sabor e de nutrientes num omelete grande o suficiente para alimentar quatro pessoas. Tem um toque de erva fresca e contém uma ou mais vitaminas. Tem o clássico sabor do queijo, que as crianças adoram, sabe-se lá por quê. E tem ovo, coisa que é, digamos, barata e prática. É o clássico jantar do meio de semana — quando, putz!, a geladeira está vazia —, ou do café da manhã fora de hora dos fins de semana (queijo de cabra e ervas frescas são coisas que sempre temos à mão e reabastecemos semanalmente; é impressionante quanto tempo uma salsinha fresca dura na gaveta da geladeira). Sirva com uma salada de tomates-cereja picados. **Rendimento: 4 porções.**

---

vários talos de aspargos
6 ovos grandes
azeite de oliva
½ xícara de queijo de cabra, em pedaços
2 xícaras de salsinha fresca picada e folhas de manjericão
sal
pimenta-do-reino moída na hora

Numa frigideira de tamanho regular, sobre fogo médio, ponha os aspargos e ½ xícara de água. Tampe e deixe ferver lentamente por 5 minutos, ou até que os aspargos fiquem macios. Escorra os vegetais, corte-os em pedaços de 1 cm e reserve.

Bata os ovos. Aqueça algumas colheres de azeite de oliva numa frigideira antiaderente de 25 cm a 30 cm, sobre fogo médio. Despeje os ovos e deixe cozinhar por cerca de 2 minutos, até o fundo estabilizar. Com a ajuda de uma espátula, puxe em sua direção a extremidade mais afastada da mistura de ovos, inclinando a frigideira na direção oposta a você; isso fará a parte ainda não cozida cobrir a frigideira. Quando estabilizar, repita essa operação. Depois repita de novo. Quando estiver tudo cozido, coloque o queijo de cabra enfileirado numa linha logo abaixo do centro. Adicione os pedaços de aspargos, as ervas, o sal e a pimenta. Usando uma espátula, e talvez mais um garfo para apoio, enrole o omelete. Deixe o queijo derreter um pouco. Coloque num prato e corte em 4 pedaços.

OVOS *DE LA VERA*

Este é provavelmente o ovo mais pedido lá em casa. O bordão é: aquecer a frigideira, dourar a manteiga e salgar os ovos. Esta receita usa a especiaria mágica que é o *pimentón de la vera*, a páprica espanhola defumada que deveria fazer parte da despensa de toda casa. **Rendimento: 2 porções.**

2 ou 3 colheres de sopa de manteiga

¼ colher de chá de *pimentón de la vera* (do tipo *dulce*, a versão doce, suave, e não do tipo picante, que é muito apimentado!)

sal

6 ovos grandes batidos

Gire o botão do fogão para o máximo de chama: fogo altíssimo, calor demoníaco. Coloque a frigideira sobre o fogo até ficar muito, mas muito quente.

Adicione a manteiga e assista ela chiar, espumar e finalmente tomar uma cor acastanhada. Acrescente o *pimentón de la vera* e o sal. Em seguida, adicione os ovos batidos. Deixe-os cozinhar por alguns segundos. Assim que as bordas estabilizarem, use uma espátula para puxar em sua direção a extremidade mais afastada da mistura de ovos, para que a parte ainda não cozida se espalhe pela frigideira. Deixe estabilizar e repita essa operação algumas vezes, até tudo ficar bem cozido (deve dar umas 3 puxadas/viradas). Se sua panela estiver quente o suficiente, isso deve levar uns 3 minutos ao todo. Certifique-se de que os ovos estejam cozidos por completo e sirva.

SMOOTHIE *OPERATOR*

Ponha esse sucesso da Sade para tocar. Imagine um mundo muito, muito distante daquele em que vivemos hoje. Relaxe e encare o fato de que *glamour* e intriga são para aqueles que não estão preocupados se seus filhos padecerão de escorbuto ou outra deficiência de nutrientes. Por isso, você prepara um *smoothie* que nutre em vários aspectos.

Você não precisa estourar o orçamento familiar em frutas frescas sazonais, que estragarão facilmente se deixadas de lado devido às mudanças de sensibilidade no paladar infantil (sempre que possível você deve mostrar o prazer das frutas da estação às crianças; só não esperamos que elas aceitem isso com o fervor de um frutariano). Um *smoothie* geralmente desce mais facilmente: tem cara de *milk-shake*, sabor de *milk-shake*, mas é realmente gostoso de beber e pode voltar à geladeira, caso tenha sido abandonado no café da manhã. E você também deve tomar um.

Aqui explicamos como prepará-lo fácil e diariamente (ainda é necessário lembrar que deve ser orgânico, quando possível?).
Rendimento: 4 porções.

1. Cada vez que você for ao supermercado, compre:
   alguns potes grandes de iogurte natural desnatado;
   um monte de suco de laranja;
   4 ou 5 pacotes de frutas congeladas (frutas vermelhas, manga, qualquer fruta);
   uma penca de bananas.
2. Compre um liquidificador, se não tiver um. (Nós queimamos dois liquidificadores caros em um ano, até perceber que os modelos mais baratos funcionam bem. Só não são tão bonitos.).
3. Toda manhã, encha o liquidificador, dessa forma:
   algumas xícaras de frutas congeladas (no fundo do copo do liquidificador);
   uma banana picada;
   algumas xícaras de iogurte;
   um pouco de suco de laranja.

Deixe de lado, por uns 20 minutos, enquanto você faz outras coisas (os ingredientes vão derreter e se fundir. Passado esse tempo, bata a bebida. Se ficar muito grossa, acrescente mais suco de laranja.

Sirva em copos com canudinhos largos (antes de vestir as crianças para o colégio, porque manchas na roupa não são nada divertidas). Essa é uma forma gostosa de ingerir fibras, vitaminas e proteínas que irão sustentá-las durante o dia. Será que elas se sentirão melhor? Você se sentirá melhor?

"Um simples ovo **frito estrelado** fica ainda mais brilhante, colorido e com o máximo de sabor com a simples adição do nosso **ingrediente secreto preferido**: páprica espanhola defumada."

RECEITA PARA UM: OVOS *DE LA VERA* **ESTRELADOS**

Os Gastropais devem se manter flexíveis, e foi por isso que nasceu esta receita: um dia, Violet pediu ovos *de la vera*, mas não queria ovos mexidos (veja receita na página 140). Era um pedido simples e razoável. Gastronomicamente falando, esta receita é um bom estudo de contrastes: há a untuosidade da gema de ovo em sua pureza (perfeita para mergulhar a torrada) e o sabor neutro da clara, como um invólucro para a intensidade da páprica. Rendimento: 1 porção.

manteiga
1 ovo grande
¼ colher de chá de *pimentón de la vera* (do tipo *dulce*, a versão doce, suave, e não do tipo picante, que é muito apimentado!)
sal

Numa frigideira pequena, em fogo médio, aqueça um pouco de manteiga até espumar. Em seguida, despeje o ovo. Deixe assentar por uns 3 minutos. Adicione ¼ colher de chá de água na panela e tampe, para que a parte de cima cozinhe um pouco no vapor, por aproximadamente 2 minutos. Salpique a páprica e o sal e sirva quando a gema estiver quase cozida por inteiro.

Receita bônus: *tartine*
Uma reviravolta francesa na baguete do dia anterior: corte-a em fatias e leve para tostar com bastante manteiga e geleia. Isso transforma algo praticamente inútil numa maravilha culinária — uma descoberta surpreendente para crianças e adultos. O truque é usar um monte de manteiga e geleia de morango da melhor qualidade que você puder comprar.

RABANADA RÁPIDA

Esta é uma excelente maneira de se livrar da trabalheira que é preparar um café da manhã a partir do zero. Congele a rabanada e, durante a semana, reaqueça-a na torradeira ou no forninho elétrico.
Rendimento: 4 porções.

- 4 ovos grandes batidos
- ¼ xícara, ou mais, de leite
- ¼ colher de chá de canela em pó
- algumas raspas de noz-moscada
- manteiga
- 12 fatias de pão ou mais

Bata os ovos em uma tigela. Adicione leite, canela e noz-moscada e bata. Aqueça a manteiga em uma frigideira grande, em fogo médio, até espumar e estabilizar. Mergulhe as fatias do pão na mistura de ovo até que absorvam um pouco de "gostosura" em ambos os lados. Em seguida, frite-as, sem encher a frigideira, até que fiquem douradas e cozidas (poucos minutos de cada lado). Deixe esfriar. Congele. Toste-as quando quiser e cubra com o bom e velho xarope de bordo, profundamente aromático (parece que fica mais gostoso), ou polvilhe um pouco de açúcar — de confeiteiro ou outro.

Bônus de café da manhã: panquecas de mirtilo
No quartel Gastrokids, uma das nossas adaptações preferidas é usar mirtilos orgânicos congelados. Basta colocar um punhado deles na massa.

"Prepare uma **receita dupla** de massa de panqueca, deixe-a na geladeira e reaqueça durante a semana, numa manhã em que o tempo seja escasso."

MAIS ALGUMAS

Gostamos de cozinhar. E quando falamos em cozinhar nos referimos ao calor de uma panela sobre o fogão, com alguns bons produtos frescos que podemos cortar e transformar. Isso normalmente nos faz ignorar as carnes frias, as pastas em conserva, os pães e os bolos. Portanto, este é um capítulo com uma miscelânea que foge à linha do que pensamos ser a essência de nossos métodos de cozimento favoritos. Trata-se de receitas deliciosas demais para ficarem de fora: alguns sanduíches (como se você não pudesse fazer um sozinho), um suco refrescante e uma sobremesa tão fácil e deliciosa que você provavelmente fará uma vez e começará a adaptá-la para preparar em qualquer época do ano.

BURRITO DE GELEIA & PASTA DE AMENDOIM

Aqui há apenas uma modificação, e ela faz toda a diferença: usamos tortilha de trigo integral. Preste atenção: não use a tortilha branca. A intenção é ter algo com um pouco mais de personalidade. E é esse o papel do trigo integral. Ah, sim, há outra adaptação: você levará o *burrito* ao micro-ondas: ele não será salteado, nem assado, nem grelhado. Isso mesmo: irá ao micro-ondas, num prato.

Costumamos enrolar uns sete desses e congelá-los no início da semana (em um grande saco de congelamento), e então descongelá-los durante o café da manhã, para as crianças. Bem, se você não tem um micro-ondas, faça o processo de modo artesanal, mas perderá aquele apelo de comida caseira fácil de descongelar. Rendimento: 1 porção.

1 tortilha de trigo integral
pasta natural de amendoim (não aquelas processadas, cheias de açúcar e aditivos)
geleia de frutas

Sobre uma tortilha de trigo integral, espalhe uma camada de pasta de amendoim e outra de geleia; deixe livres as bordas da tortilha (2 cm). Enrole bem, de modo que pareça uma flauta. Leve ao micro-ondas para aquecer. Antes de servir, deixe esfriar um pouco para não pelar a língua das crianças. Depois que elas experimentarem o *burrito*, implorarão por essa delícia em todas as ocasiões: no café da manhã, no almoço, quando chegarem da escola. Você pode fatiar o *burrito*: os cortes deixarão à mostra uma bela espiral de geleia.

"BLT"[1] DE VERÃO EM FAMÍLIA

É difícil fazer esta famosa e perfeita combinação ficar ruim. O bacon crocante, salgadinho e adocicado, o tomate suculento e agridoce, a alface-americana crocante, em contraste com a pungência, a doçura e a untuosidade da maionese, tudo isso emparedado por dois pães de forma torrados: eis aqui um verdadeiro tratado de texturas e sabores contrastantes. E se este sanduíche (carregado de tomate e toneladas de ervas frescas) for o primeiro que seus filhos comerem, ele pode ser a porta de entrada para uma vida de adoração aos vegetais.

Esta versão, mais pura, substitui o bacon pela *pancetta* italiana. Usamos duas variedades de tomates, unindo dois sabores característicos: a doçura intensa e o vermelho profundo da variedade ancestral *brandywine* e a acidez e firmeza do zebra-verde (em fatias finas, para não se sobrepor aos outros ingredientes). A mistura agridoce de rúcula e manjericão substitui a insossa alface-americana. Uma baguete levemente torrada vai bem no lugar do pão de forma comum. Algumas coisas não precisam ser substituídas: use a melhor maionese disponível no mercado.

Esta receita dá um sanduíche tamanho família, que pode ser cortado em quatro pedaços e servido, com toda sua glória, em um prato. Rendimento: 4 porções.

- 1 baguete grande levemente torrada (sob a grelha do forno; cuidado para não queimar — ah, pais exaustos!) e cortada no sentido horizontal, separadas as partes de cima e de baixo
  maionese
- 8 fatias, aproximadamente, de *pancetta* tostada na frigideira
- 2 tomates grandes tipo *brandywine*, em fatias finas
  um tomate-zebra-verde em fatias finas
  um maço de rúculas lavadas e secas, removidos os talos (as embaladas são ainda melhores)
  um maço de manjericão

Espalhe maionese na metade inferior da baguete e, em seguida, cubra com uma camada de bacon, fatias de tomate, rúcula e manjericão. Espalhe maionese na parte superior do pão. Feche o sanduíche, fatie-o em 4 pedaços e sirva.

---

[1] O mais tradicional dos sanduíches norte-americanos, cujo nome é composto pelas iniciais de seus ingredientes principais: bacon, *lettuce* (alface) e *tomato* (tomate). (NT)

Brincar de espremer

LIMONADA RÁPIDA DE CACTO

Um dia, quando o filho de Hugh, Desmond, que adorava coisas ácidas, pediu uma limonada, seu pai preparou um suco que ficou azedo demais. Prestes a colocar um xarope qualquer para adoçar (só um tolo tentaria dissolver açúcar granulado em líquido gelado), viu uma garrafa de néctar de agave no armário. Bastou um jato desse néctar para deixar a limonada perfeitamente equilibrada. E Desmond amou a ideia de beber basicamente um suco de cacto. Rendimento: 4 porções.

4 xícaras de água
suco de 10 limões-taiti (limões-sicilianos também servem, mas use apenas 6, uma vez que são maiores)
4 colheres de sopa de néctar de agave[1] (ou a gosto)

Misturar. Acrescentar gelo. Beber.

---

[1] Néctar extraído de um tipo de cacto comum no México, o Agave-azul. É um adoçante 100% natural, rico em frutose e indicado para o controle de diabetes e hipoglicemia. (NE)

FAROFA DA VIOLET

- ½ xícara de amêndoas
- 1 xícara de farinha de trigo
- ¼ xícara de açúcar mascavo
- ¼ xícara de açúcar comum, e mais um pouco para polvilhar sobre a fruta
- ½ colher de chá de canela
- 100 g manteiga com sal
- 2 xícaras, aproximadamente, de nectarinas cortadas em oito
- 2 xícaras de morangos (sem as folhas) fatiados e cortados ao meio ou em quatro partes, dependendo do tamanho

Violet, a filha de Hugh que é praticamente frutariana, adora qualquer fruta da época (especialmente as frutas com caroço e as vermelhas: pêssego com amoras, pêssego com mirtilos...) preparada no forno de maneira fácil e rústica. Esta receita também funciona deliciosamente bem com maçãs (nesse caso, use nozes em vez de amêndoas). Com ruibarbo também fica boa, mas requer um pouco mais de açúcar. Sirva quente, com uma colher de sorvete de baunilha; isso será o máximo. **Rendimento: 4 porções.**

Preaqueça o forno a 180 ºC.

Pique as amêndoas num processador de alimentos, ou com uma faca, até ficarem em pedaços de 0,5 cm, aproximadamente. Numa tigela grande, misture a farinha, o açúcar e a canela. Corte a manteiga em pedacinhos e junte à mistura de farinha, mexendo bem, para que fique uma farofa grossa. Junte as amêndoas picadas. Num prato refratário, espalhe as nectarinas e os morangos, polvilhe-os com um pouco de açúcar e misture. Cubra com a farofa. Asse por 30 a 45 minutos, até a fruta ficar macia, e a cobertura, dourada.

Farofa da Violet

PANINI PERFEITO

Um sanduíche pode ser uma coisa rotineira durante a semana: empilha-se tudo, joga a coisa toda num saco plástico e come-se onde e quando a agenda permitir. Mas, nos fins de semana, os lanches podem se tornar uma coisa completamente diferente, quase um esforçado projeto culinário (o.k., isso é forçar a barra). Mesmo assim, no fim de semana, o ritmo diminui um pouco e um sanduíche pode ser construído, montado, melhorado e preparado de verdade. Pode ser um *panini*, aquela romântica versão italiana que apaixona a todos.

As crianças podem ajudar com a receita, que as ensinará um pouco sobre a paciência e os processos da cozinha: esperar aquela linda transformação ocorrer por conta do calor, prensando-se o lanche numa máquina ou entre duas panelas pesadas sobre o fogão, tudo grudado, fundido e derretido. Não há praticamente nada mais reconfortante durante o outono. Aqui estão dois lanches favoritos que as crianças (e os adultos) adoram.

Prensa de panini

PANINI INGLÊS

pão de sete cereais
um pouco de mostarda
encorpada (equilibrada
entre o picante e o ácido)
queijo cheddar picante,
de preferência inglês, mas
qualquer outro de boa
qualidade funciona (os que
têm alta concentração de
gordura derretem mais
facilmente do que os que
têm pouca gordura)
rúcula (que os ingleses
chamam de *rocket*, foguete;
e as crianças podem gostar
de saber disso)

Esta é uma homenagem à educação que Matthew recebeu no País de Gales, onde o sabor pungente do cheddar derretido em queijo quente tem gosto de infância. Rendimento: 1 porção.

Aqueça uma frigideira grande e pesada sobre fogo médio-baixo. Espalhe um pouco de mostarda em duas fatias de pão. Em uma fatia, coloque uma camada de queijo e de rúcula, depois cubra com a outra fatia. Coloque o sanduíche na frigideira. Ponha outra frigideira pesada sobre o sanduíche, para prensá-lo. Cozinhe por alguns minutos, cuidando para tostar e não queimar. Com uma luva térmica, vire o sanduíche de lado, ponha novamente a outra frigideira por cima, e cozinhe até fundir e derreter tudo. (Obviamente, isso pode ser feito numa moderna prensa de *panini*, se você tiver uma.).

Panini-ini caprese frito enrolado em presunto cru

Um dia meus filhos rejeitaram seu sanduíche preferido: baguete recheada com muzarela, manjericão, tomate e vinagre balsâmico. Então, cozinhei para o jantar um pouco de *tortellini* ao molho *pesto*, e servi com tomates-cereja cortados ao meio. Depois que eles foram para cama, e depois de eu ter comido quase todo o sanduíche que tinham rejeitado, eu ansiava por algo com um pouco mais de sabor, algo mais intenso, bom para acompanhar o restinho da minha garrafa barata de Barbera d'Alba. Lembrei que tínhamos um pouco de presunto cru na geladeira. Cortei um pedaço de 2,5 cm de sanduíche, enrolei no presunto e coloquei na frigideira, gratinando por todos os lados. O queijo derreteu um pouco, tudo ficou molinho, e o presunto ficou crocante. Foram provavelmente as quatro mordidas mais deliciosas que eu havia comido naqueles últimos meses. Se você gosta de um sanduíche Monte Cristo,[1] vai adorar esta guloseima fresca, untuosa, salgadinha, com sabor de carne de porco, crocante e massuda. Da próxima vez em que eu der uma festa, vou enrolar sanduíche caprese de um metro no presunto cru, fritar inteiro, cortá-lo e servi-lo como um aperitivo.

---

1 Sanduíche de presunto, peru e queijo suíço, passado no ovo e frito. Uma versão norte-americana do francês *croque-monsieur*. (NT)

PANINI YUPPIE

Apesar de os ingredientes tradicionais deste sanduíche terem origem francesa (ou europeia em geral), esta receita é totalmente *yuppie*, tal qual os norte-americanos dos anos 1980, como você poderá notar quando chegar aos ingredientes que, hilariamente, se tornaram a nova febre entre nossos filhos. O pungente queijo de cabra contrasta perfeitamente com a doçura do tomate seco. Rendimento: 1 porção.

pão branco italiano
queijo de cabra
tomates secos em conserva, escorridos, mas com um pouco do azeite, para ficarem mais untuosos
manjericão fresco (ou salsinha; eu sei, não se compara ao manjericão, mas também é verde e combina com a doçura dos demais ingredientes)

Aqueça uma frigideira grande e pesada em fogo médio-baixo. Numa fatia de pão, espalhe o queijo de cabra. Em seguida, cubra com os tomates secos e o manjericão fresco. Cubra com mais queijo. Coloque o sanduíche na frigideira. Ponha outra frigideira pesada por cima, para prensá-lo. Cozinhe por alguns minutos, tendo o cuidado de tostar o sanduíche, sem queimar. Com uma luva térmica, retire a panela de cima. Vire o sanduíche, ponha novamente a outra frigideira por cima e cozinhe até fundir e derreter tudo. (Obviamente, isso pode ser feito numa moderna prensa de *panini*, se você tiver uma.)

ÍNDICE

A

abóbora, 39
  assada, 35
      com tomilho e
        parmesão, 35
  japonesa (kabotcha), 35
  paulista, 103
abobrinha, 25, 32-33, 44
  com hortelã, 44
    grelhada: versátil e
      fantástica, 44
  com lascas de parmesão, 44
  com macarrão, 44
  com queijo de cabra, 44
  com queijo feta, 44
  com risoto, 44
  com rúcula, 44
  com sobras de frango, 44
  homus de, 32-33
açafrão-da-terra, 50
acidez, 11, 16
acompanhamento fácil, 124
açúcar mascavo, 59, 60, 74,
  152
adicione sal, gordura e acidez,
  11
agave, néctar de, 150
agrião, 23, 102
aioli, 40
aipo, 110
alcaparras, 74, 114, 129
alcatra, 55
alecrim, 40, 42, 46, 56, 62, 64,
  68, 105, 114, 134
alho, 17, 31, 32, 34, 36, 39, 40,
  42-44, 49, 56, 59, 62-64, 74,
  78, 79, 84, 89, 94, 97, 98,
  102, 104, 105, 113, 114, 124
  e sal em pasta, 58
  poró, 130
alla matriciana, 102
almôndegas, 62
ambrosia, 57
ameixas, 74
amêndoas, 152
amoras, 152
anchovas, 104, 124, 129
aperitivo, 156
armoniche, 105
arroz, 97
  basmati, 50

espanhol, 115
  tipo jasmim, 88
aspargos, 50, 138
  grelhados, 28, 84
azeite trufado, 109
azeitonas, 31, 114, 130
  pretas, 130, 134
  verdes, 74

B

babbo, 84
bacalhau, 82-83
bacon, 54, 56, 87, 110, 111,
  131, 149
  de javali à matriciana, 102
baguete, 143, 149, 156
bananas-da-terra, 63
batata, 39, 50, 56, 78, 85
  doce, 50
batatas bravas, 40
  cozidas, 98
  inglesas, 50
  picantes, 78
berinjela japonesa, 46
beterraba, 39
bifes vegetarianos, 37
bisteca fiorentina, 61
blt, 149
bochechas de porco, 97
bolinhos de peixe, 89
bolonhesa semirrápida, 110-111
branzino, 84
brócolis, 17, 20, 21, 39, 104, 124
  assado, 20
  italiano, 20
  purê de, 21
  salteado, 17
bruschetta, 31
  grelhada, 31
burrata, 26-27
burrito de geleia & pasta de
  amendoim, 148

C

café da manhã, 136-137
caldo de carne, 36, 56
  de galinha, 103
calêndula, 25
camarão, 94
  & chouriço, 94
canela, 152
  em pó, 144
caprese, 26

capuchinha, 25
caramelizar, 11
carne, 36, 52-53
carne bovina, 53, 54
  bisteca fiorentina para
    crianças, 61
  de contrafilé, 55
  de peito assada à moda
    mediterrânea, 58
  filé de, 46
  fraldinha, 55
  maminha, 55
  moída, 54, 56, 62, 110
carne de cordeiro, 53, 56
carne de porco, 53
    curada, 97, 132-133
    costela de porco ao
      shoyu, gengibre &
      laranja, 59
    costelinha de porco,
      60
    lombo de porco
      caramelizado ao
      leite, 57
    moída, 105
cebola, 24, 44, 50, 54, 56, 76,
  78, 84, 94, 102, 110, 115,
  124, 131
cebolinha, 89
cenoura, 39, 56, 110
cereal, 71
chouriço, 94
chucrute, 60
cinghiale, 102
cítricos, 72
coentro, 42, 50, 76, 78, 94, 115
cogumelos, 85, 102, 105, 126
  sautée, 34
  shiitake, 34, 126
comida de criança,10
  enlatada, 31
cominho, 50, 58, 63, 76
conchiglie, 105
conchinha, 108
conserva de limão, 74
cuscuz, 97
  marroquino, 74
couve, 36, 103
  de-bruxelas, 43, 39
  flor, 37, 39, 104
  sautée, 36
creme de leite, 108, 131
culinária marroquina, 74
cúrcuma, 50
curry, 50-51

D

damascos, 74
delicatessen, 58
dourar, 11

E

echalota, 16, 34
emulsionar, 16
enlatado, 65
época, 15
erva-doce, 28, 39, 84
  sementes de, 114
ervas, 39, 42, 49
  frescas, 62
ervilhas, 56
  congeladas, 85
escondidinho caipira, 56
  de peixe defumado, 85
espaguete, 104
especiarias indianas, 50
espinafre, 109
espuma de manteiga, 55

F

faca de plástico, 28
farfalle, 105, 113
farinha de rosca, 75, 89
  de trigo, 56, 62, 70, 85, 107,
    108, 122, 152
farofa da Violet, 152-153
feijão, 42
  branco, 42, 64
  grego, 42
  mexicano, 42
  preto, 42
feijões em lata, 65
fermento biológico seco, 122
fettuccine, 105
flocos de milho, 71
flores, 25
  de abobrinha, 25
frango, 36, 46, 66-67, 76
  agridoce, 79
  à parmegiana, 71
  assado, 68
  caipira, 68, 70, 71
  e coentro com batatas
    picantes, 78
  filé de, 75

159

citrus, 72
marroquino com damascos, alcaparras & azeitonas, 74
nuggets de, 70-71
orgânico, 68, 70, 71
sobras de, 76
tirinhas de frango em parmesão, 75
frutas, 152
congeladas, 141
geleia de, 148

G

garam masala, 50
garde manger, 24
geleia, 143
de frutas, 148
gemelli, 105
gengibre, 50, 59, 88
glutamato monossódico, 34
gnudi, 106-107
gordura, 11, 16
grão-de-bico, 31, 32, 94
grelha, 84
guanciale, 97

H

hadoque defumado, 85
haloumi, 46
hambúrguer, 54
Gastrokid, 54
hortelã, 24, 25, 46
hortifrútis, 15

I

ingrediente secreto, 40-41, 142
instantâneo, 42
iogurte natural, 141
italiano, 42

J

jantares à mesa em família, 10
javali, 102

K

kabotcha, 35

L

lanche, 92-93
laranja, 59, 72
legume, 39
legumes da estação, 50
leite, 57, 85, 122, 144
de coco, 50
limão, 36, 68, 78, 84, 85, 88, 94, 98
siciliano, 72
em conserva, 74
taiti, 72
limonada rápida de cacto, 150
linguiça, 64
grelhada, 44
linguine, 105
lombo de porco caramelizado ao leite, 57
louro, 50, 74
lula, 99

M

mac & cheese, 108-109
macarrão, 36, 98, 104, 105, 110-111
com queijo, 108, 109
com tomate-cereja e manjerona, 113
meio a meio, 104
tipo penne, 102, 108
maçãs, 152
maillard, 39
maionese, 16, 40, 149
maminha, 55
manifesto Gastrokid, 7
manjericão, 26-27, 32, 113, 135, 138, 149, 156, 157
manjerona, 42, 112-113
manteiga, 55, 56, 57, 68, 75, 85, 107, 108, 119, 140, 143, 144, 152
de bacon, 86-87
marinada, 58, 74, 78, 79, 88, 98
mario batali, 84
mariscos, 97
massa básica de pizza, 122
massas, 97, 100-101, 105
& grãos, 101
mel, 16, 46, 88
melancia, 24
mezzelune, 105
micro-ondas, 148

milho, 18
flocos de, 71
mirepoix, 56
mirin, 88
miscelânea, 147
molho
à puttanesca, 114
de carne, 105
de macarrão, 49
de salada, 16
de soja, 59
de tomate, 102
em 5 minutos, 114
molho rápido de pinholes & salsinha, 116
morangos, 152
mostarda, 156
dijon, 16, 93
& sardinhas, 93
MSG (glutamato monossódico), 34
muzarela, 26-27, 156
cremosa em coalhos, 26
fresca, 135

N

Nasturtium, 25
néctar de agave, 150-1
nectarinas, 152
Nobu Matsuhisa, 70
nozes, 29, 152
noz-moscada, 107, 144
nuggets de frango, 70, 71
japonês, 70
tradicionais com flocos de milho, 71

O

óleo de canola, 82
ômega-3, 92-93
omelete, 138
com abobrinha, 44
orecchiette, 105
orégano, 62, 63, 74, 112-113
ovo, 62, 71, 75, 89, 107, 138, 140, 143, 144
frito, 142
ovos, 70
de la vera, 140
estrelados, 143

P

paella, 94
paleta de porco, 63
pancetta, 56, 97, 102, 103, 110, 133, 149
panini inglês, 156
ini caprese frito enrolado em presunto cru, 156
perfeito, 154
yuppie, 157
panko, 70
panquecas de mirtilo, 144
pão, 97, 144
baguete, 31
branco italiano, 157
de sete cereais, 156
folha, 76
francês, 89
italiano, 93, 97
pappardelle, 105
páprica, 58, 63
defumada, 40, 76, 78, 94, 98
parmegiana, 75
pasta de amendoim, 148
peito de frango, 68, 70, 71, 72, 74, 75, 78, 79
de pato, 36
peixe, 46, 80-81, 84
bolinhos de, 89
branco desfiado, 89
congelado, 90
cozido, 89
defumado, 85
escondidinho de, 85
inteiro, 84
sobras de, 89
penne, 102, 105, 108
pera, 29
pêssego, 152
pesto, 82
pimenta-de-caiena, 63
calabresa 59, 62, 63, 102, 104, 105, 119, 124
chilli em pó, 76
fresca, 114
vermelha, 17, 36, 40
pimentão-vermelho, 102
pimentões-vermelhos, 78
pimentón *de la vera*, 40, 58, 76, 78, 94, 98, 140, 143
pinholes, 36, 116-117
pizza, 36, 120, 130
de azeitonas & alho-poró grelhado, 130
pretas & alecrim, 134

de dois sabores: tomate &
cogumelos, 126-127
margherita, 135
de muzarela fresca, tomate
& manjericão, 135
de pancetta & sálvia, 133
de segurelha, 125
de tomate, alcaparras, &
anchovas, 129
de zebra-verde, 128
três sabores, 124
plátanos, 63
polenta, 97
polvo *baby* grelhado, 98
porco curado, 132-133
portobello, 34
presunto cru, 36, 90, 94, 97,
108, 109, 110, 156
curado, 97
produtos da estação, 11
prosciutto, 36
proteína, 92-93
purê, 21, 85
de batata, 89
de brócolis, 21
de couve-flor, 37, 86-87

Q

quatro queijos, 108, 126-127
queijo asiago, 108
cheddar, 85, 108, 156
de cabra, 36, 138, 157
mofo azul, 54
feta, 18, 23, 24
gruyère, 85, 108
haloumi, 46
muzarela, 125-126, 128, 130,
133, 134
parmesão, 28, 35, 36, 49,
62, 75, 102, 103, 104, 107,
109, 113, 119
pecorino, 25, 62, 107
quente, 156
ralado , 56, 108
stilton, 29

R

rabanada rápida, 144
rabanete, 23
ragu, 110
de cogumelo & porco, 105
ravióli, 36
com manteiga dourada,
sálvia & parmesão, 119
de queijo, 116, 119

reação de maillard, 39
regras Gastrokid, 10
ricota, 36
escorrida, 107
rigatoni, 108
risoto, 36
de couve & abóbora com
pancetta, 103
river cafe, 57
robalo, 82
rúcula, 24, 25, 29, 54, 61, 82,
102, 149, 156
ruibarbo, 152

S

safra, 15
sal, 11, 16, 63, 72
salada, 16, 18, 23, 25, 26-27,
28, 29
com agrião, 23
com aspargos, 28
com burrata, 26
com erva-doce, 28
com hortelã, 25
com manjericão, 26
com melancia, 24
com milho grelhado, 18
com nozes, 29
com parmesão, 28
com pera, 29
com queijo feta, 23, 24
com queijo pecorino, 25
com rabanete, 23
com rúcula, 25
baby, 29
com tomate-caqui, 26
de abobrinha, 25
saladas, 46
salgar, 73
salmão, 85, 90
selado ao molho de shoyu,
mel e limão, 88
salsa, 93
salsa mexicana, 76
salsão, 56
salsinha, 31, 32, 62, 75, 89, 97,
98, 113, 114, 116-117, 138
saltimbocca de salmão, 90
sálvia, 42, 46, 62, 64, 68,
90, 105, 107, 108, 114,
119, 124, 133
crocante, 108
san marzano, 62
sanduíche, 149, 154
caprese, 156

com linguiça, 44
de abobrinha, 44
sanduíches, 46
sardinha, 31
sardinhas, 93
segurelha, 125
sementes de erva-doce, 114
shiitake, 34, 126
shoyu, 59, 88
smoothie, 141
sobras, 11, 76, 89
sorvete de baunilha, 152
spotted pig, 106-107
suco de laranja, 140
limão, 64
sucrilhos, 71
surf & turf, 94

T

tacos, 76
pastor, 76
tartine, 143
tirinhas de frango em
parmesão, 75
tofu, 50
tomate, 58, 128, 135, 156
caqui, 26-27
cereja, 108, 113
pelado, 31, 50, 62, 94, 105,
110, 114, 129
zebra-verde, 128, 149
tomates, 49
assados, 108
cereja, 18, 49, 125
grandes tipo brandywine,
149
italianos, 126-127
secos, 157
tomilho, 35, 39, 46, 55, 56, 62,
68, 87, 105, 114, 128, 131
torrada, 36
torta flambada de cebola &
bacon , 131
tortilha de trigo integral, 148
tortilhas de milho, 76
tostar, 11
tostones, 63

U

umami, 34

V

vagem, 39
vagens, 49
vegetais, 15, 39, 104
assados, 39
cozidos no vapor, 16
crus, 16
picados, 16
vieiras, 86-87
seladas, 87
vinagre balsâmico, 31, 45, 54,
79, 156
de arroz, 88
de vinho tinto, 16, 74, 87
vinho branco, 58, 74, 78, 97,
103, 110
de arroz, 88
de doce de arroz, 88
vinho
tinto, 56, 102
vôngoles com guanciale, 97

W

wrap, 32, 76